DU RÉGIME CONVENTIONNEL

DES

FLEUVES INTERNATIONAUX

ÉTUDES ET PROJET DE RÈGLEMENT GÉNÉRAL

PRÉCÉDÉS

D'UNE INTRODUCTION HISTORIQUE

PAR ED. ENGELHARDT

MINISTRE PLÉNIPOTENTIAIRE

« Les règlements fluviaux du Congrès de Vienne et d'autres stipulations semblables doivent être considérés comme un hommage que l'homme rend au grand législateur de l'univers, en affranchissant ses œuvres des entraves que l'arbitraire leur a trop souvent imposées. »

Lettre de M. Clay à M. Gallatin, ministre des Etats-Unis à Londres, 15 juin 1826.

PARIS

A. COTILLON ET Cie, ÉDITEURS

LIBRAIRES DU CONSEIL D'ÉTAT

24, RUE SOUFFLOT, 24

1879

DU RÉGIME CONVENTIONNEL

DES

FLEUVES INTERNATIONAUX

PARIS. — IMPRIMERIE ÉMILE MARTINET, RUE MIGNON, 2.

DU RÉGIME CONVENTIONNEL

DES

FLEUVES INTERNATIONAUX

ÉTUDES ET PROJET DE RÈGLEMENT GÉNÉRAL

PRÉCÉDÉS

D'UNE INTRODUCTION HISTORIQUE

PAR ED. ENGELHARDT

MINISTRE PLÉNIPOTENTIAIRE

« Les règlements fluviaux du Congrès de Vienne et d'autres stipulations semblables doivent être considérés comme un hommage que l'homme rend au grand législateur de l'univers, en affranchissant ses œuvres des entraves que l'arbitraire leur a trop souvent imposées. »

Lettres de M. Clay à M. Gallatin, ministre des Etats-Unis à Londres, 15 juin 1826.

PARIS

A. COTILLON ET Cie, ÉDITEURS

LIBRAIRES DU CONSEIL D'ÉTAT

24, RUE SOUFFLOT, 24

1879

PRÉFACE

Un jurisconsulte éminent, M. Bluntschli, a conçu la pensée de reproduire sous forme de lois les principes reconnus du droit international.

Qui ne se rend compte des difficultés d'une pareille entreprise ?

Présenter en maximes concises, claires et logiquement déduites, un résumé complet des règles plus ou moins précises sur lesquelles reposent les relations des États entre eux, codifier une science qui a pour éléments essentiels les usages consacrés par la raison humaine, et les obligations stipulées dans les traités publics, analyser les pratiques et les idées reçues, recueillir et coordonner les conventions écrites, généraliser les unes et les autres et les fixer de telle sorte qu'elles puissent servir de normes communes et réciproques aux différentes sociétés politiques du monde civilisé, n'est-ce point une des tâches les plus vastes, les plus ardues et les plus périlleuses auxquelles un savant consciencieux puisse vouer ses efforts?

L'œuvre considérable accomplie il y a dix ans par l'illustre professeur de Heidelberg, a soulevé et soulèvera plus d'une critique au gré des passions du jour; mais nul, je pense, ne déniera à M. Bluntschli le mérite d'une initiative hardie et féconde, nul ne contestera sa compétence et le but élevé qu'il a poursuivi.

L'auteur du *Droit international codifié* n'a certainement point prétendu avoir épuisé toutes les matières que comporte un sujet aussi varié qu'étendu; il est à peine permis de douter qu'en rédigeant ses formules, il n'ait admis que plus d'une d'entre elles était susceptible d'utiles développements, et que même des propositions nouvelles pouvaient s'y rattacher, tout en conservant le caractère de prescriptions universelles, tout en répondant à « un intérêt majeur et permanent (1) ».

C'est du moins la conviction qui est résultée pour moi de la lecture des rares articles relatifs à la question si complexe et depuis si longtemps controversée du régime des cours d'eau en communication avec la mer (2).

(1) Termes du préambule de l'Acte de Vienne du 9 juin 1815.
(2) Droit international codifié. Art. 311 à 315.

Il m'a paru de prime abord que, toute proportion gardée, le cadre dans lequel M. Bluntschli a voulu concentrer la substance du droit fluvial, était trop étroit, et que plus d'une loi importante s'en trouvait écartée. J'ai cru reconnaître d'autre part que sur le point capital de l'affranchissement complet des grands courants internationaux, le codificateur semblait considérer comme définitif et par conséquent comme incontesté un progrès qui n'est point encore accepté partout sans restrictions, auquel plusieurs puissances persistent encore à refuser leur concours.

Enfin je n'ai pas été peu surpris de l'erreur historique qui représente M. le baron G. de Humboldt comme le véritable promoteur des réformes auxquelles le congrès de Vienne de 1815 a donné sa sanction par les articles 108 à 116 de son traité principal (1).

Ces premières impressions, confirmées par un examen plus attentif, m'ont amené à entreprendre sous forme d'études séparées et suivant la méthode adoptée par M. Bluntschli lui-même, un exposé moins sommaire des *principes généraux* qui régissent la navigation intérieure sur les eaux « convention-

(1) Droit international codifié; introduction, p. 28, 29 et commentaires ad art. 312, p 189.

nelles ». J'ai fait précéder cette série de monographies pratiques d'une histoire succincte de la législation fluviale depuis l'époque de la domination de Rome jusqu'à nos jours, en réservant quelques pages finales à la discussion rapide des réformes nouvelles auxquelles il semble que le *consensus gentium* sera bientôt acquis.

Tels sont, avec le projet de convention qui le termine, les éléments du modeste essai dont l'ouvrage d'un maître m'a suggéré l'idée et que je publie sur le conseil d'amis trop indulgents.

ED. ENGELHARDT.

Paris, en juillet 1879.

DU RÉGIME CONVENTIONNEL

DES

FLEUVES INTERNATIONAUX

INTRODUCTION HISTORIQUE

L'esprit d'universalité qui caractérise la suprématie de Rome s'est particulièrement manifesté dans le domaine de la science juridique, marquant de son empreinte cet ensemble prodigieux de lois dont les nations les plus rebelles ont subi l'influence et qui forment encore la meilleure part des codes contemporains.

Plus que tout autre, peut-être, le droit spécial qui se rapporte au sujet de ces études justifie dans sa sphère étroite cette haute et durable autorité, car il est l'évidente expression de la saine raison, de l'équité vraie et de l'intérêt général.

La législation romaine assimilait l'eau courante à l'air et à la mer, c'est-à-dire à des choses qui sont communes à tous et ne peuvent jamais être monopolisées (1). Elle repoussait hautement l'idée

(1) Et quidem naturali jure communia sunt omnia hæc : aer

d'une appropriation qui, en attribuant soit à l'État, soit à des particuliers, la disposition des voies fluviales, aurait privé la société d'avantages auxquels elle avait des droits incontestables. Tout cours d'eau qui s'écoulait librement et d'une manière constante entre des rives régulières, *naturalem cursus sui rigorem tenens*, faisait partie des biens publics et tout navigateur indigène pouvait l'exploiter sous la sauvegarde de l'État qui s'en réservait la surveillance, l'entretien et l'administration fiscale (1).

Ces principes si simples reposaient sur les notions élémentaires du droit naturel; ils étaient dictés par cet *æquum jus* que la conscience publique proclame et dont les préceptes sont immuables et universels.

La possession exclusive, en effet, se comprend quand il s'agit d'un territoire national ou d'un domaine particulier. La terre, quelle que soit son étendue ou sa configuration, est susceptible d'une occupation effective et permanente; on la délimite, on la morcèle; on lui impose des barrières; elle est inévitablement vouée à la tyrannie de la propriété; sa stabilité ne permet pas qu'elle puisse être soustraite au joug du gouvernement, de l'association privée, de l'individu auxquels elle appartient.

Il n'en est pas de même de cet autre élément

aqua profluens et mare et per hoc littora maris... Flumina autem omnia et portus publica sunt. Just. Inst. L. II, t. I, § 1.

(1) Code théod., 14, 27. 2.

qui l'entoure comme une immense ceinture ou qui la pénètre de ses courants continus. L'eau sans doute peut être emprisonnée en minimes parties, soit par la nature, soit par la main de l'homme. Qu'un étang soit enclavé dans un fonds relevant d'un seul et même propriétaire, il est loisible à celui-ci d'en interdire l'accès à ses voisins, parce que cet amas liquide est en quelque sorte une *portio agri* que l'on ne saurait atteindre sans traverser les terres qui l'environnent. Mais la mer qui enveloppe les continents, mais les fleuves dont elle reçoit le tribut, ne peuvent être à personne, parce que nul n'a les moyens de les enchaîner, parce que la servitude est incompatible avec leur constante mobilité.

L'on n'a d'ailleurs aucun intérêt à accaparer une chose inépuisable, qui se renouvelle sans cesse, dont tous ont un égal besoin et que chacun peut utiliser sans diminuer la part d'autrui.

Telles sont les vérités sensibles que Rome a consacrées par sa jurisprudence et auxquelles la plupart de ses lois fluviales peuvent être rapportées.

Sans doute la pratique a maintes fois démenti les axiomes du droit naturel si admirablement développés dans les enseignements du Digeste et des Institutes, et la navigation intérieure n'a pas toujours joui des bienfaits de la liberté et de la sécurité. Mais ces conditions précaires n'étaient point l'effet de l'arbitraire ou de l'oubli; elles résultaient de nécessités accidentelles; elles trouvaient leur explication dans le génie d'un peuple qui dirigeait toute son activité vers la guerre.

Cependant si les grands cours d'eau servirent souvent aux entreprises de la conquête ou aux apprêts de la défense, comme le Rhin et le Danube, qui pendant quatre siècles délimitèrent sur presque toute leur étendue les provinces septentrionales de l'empire, les exigences mêmes des armées, les besoins de l'État en alimentèrent le trafic et l'industrie des transports commerciaux y fut constamment l'objet de la sollicitude publique.

Dès les premiers temps du principat, le pouvoir mpérial s'était appliqué à favoriser le développement de la navigation du Rhin en la couvrant de la vigilante protection des flottilles (*lusoriæ*) et en ordonnant des travaux d'art destinés à faciliter le parcours des régions moyenne et inférieure du fleuve (1). Aussi comptait-on déjà sous Trajan quarante cités riveraines représentant des centres d'affaires plus ou moins importants.

Les Romains, il est vrai, n'occupaient que la rive gauche du courant limitrophe et ils eurent incessamment à lutter contre l'obstacle qui fut, comme sur d'autres voies internationales, la cause première des abus auxquels les réformes actuelles

(1) Le rôle des flottes chargées de veiller à la sûreté des bâtiments de commerce sur les eaux situées aux confins de l'empire, semble ressortir de l'épithète de POTAMOPHYLACIA appliquée à la flotte dite Alexandrina, dont il est question dans l'inscription de Malaga reproduite sous le nº 1970 du Corp. inscrip. vol. II.

ont précisément pour but de remédier, j'entends parler du partage de la souveraineté fluviale entre plusieurs États. Les Germains, eux aussi, faisaient usage du bassin rhénan et de fréquents conflits s'élevaient entre les possesseurs voisins. Pour mettre fin aux incursions et aux actes de piraterie des barbares de la rive droite, Constance II songea à leur payer une sorte de tribut.

Sur le Danube, qui pendant longtemps n'eut pas de riverains étrangers et dont les abords avaient été successivement fortifiés par Trajan en aval des Portes de Fer et en amont par Probus et Justinien, la navigation était relativement plus régulière et plus sûre; elle bénéficiait d'ailleurs des relations qu'avaient établies avec l'Orient les anciennes colonies grecques de l'Ister.

Quant aux voies navigables de l'intérieur, leur exploitation s'effectuait dans des conditions normales, ainsi qu'il est permis d'en inférer des nombreux textes épigraphiques qui rapportent les noms, qualifications et charges des collèges de nautes établis sur la plupart d'entre elles (1).

(1) Collegium nautarum Rhodanicorum. Orelli 4110. 4243.
— Araricorum. Orelli 4224.
— Druentiorum. Orelli 4120. Gruter 425.1.
— Arelicensium. Corp. Ins. V. 1. 4016. 4014.
— Brixianorum. Corp. Ins. V. 1. 4990.
— Veronensium. Corp. Ins. V. 1. 4017.
— Comensium. Corp. Ins. V. 2. 5295. 5911.
Nautæ Ligerici. Gruter 472. 1.
— Parisiaci. Orelli, 1993 etc.

L'on sait que les corporations romaines d'artisans étaient constituées sur un plan à peu près uniforme et qu'elles offraient en petit l'image de la capitale elle-même comme les colonies et les municipes. Indépendamment de leurs patrons ou protecteurs choisis dans leur sein ou parmi les hauts personnages de l'État, elles avaient leurs chefs dirigeants, *syndici, magistri, quinquennales*, représentant à peu près la curie et elles se subdivisaient en décuries comme la population des tribus. Le *jus personæ* leur était reconnu et elles pouvaient ainsi posséder, hériter, aliéner et édicter sans l'intervention des pouvoirs publics toutes lois et tous règlements concernant leur gestion intérieure.

Les associations de nautes étaient organisées sur ces bases et exerçaient dans la plus large mesure cette autonomie. Leurs présidents portaient le titre de *præfectus* (1) et il semble qu'elles jouissaient d'une considération particulière parmi les différentes sociétés professionnelles en relations plus ou moins directes avec l'administration centrale. Ainsi les *nautæ rhodanici* étaient qualifiés de *corpus splendidissimum*, comme la curie; ils pouvaient rendre des décrets, comme les décurions (2), et quarante places leur étaient réservées dans l'amphithéâtre de Nîmes (3).

(1) Inscription nº XXXVI, p. 211 du recueil de M. A. de Boissieu. Lyon, 1846.

(2) Inscription nº XIX, p. 265 du même recueil.

(3) Inscription IV, p. 392 du même recueil.

Ces distinctions et privilèges se justifiaient sans doute par l'importance et l'utilité du concours que les *collegia nautarum* prêtaient à l'État dans la perception des impôts en nature; ils étaient chargés du transport et de la livraison des denrées et autres produits destinés aux entrepôts publics et ils accomplissaient ce service sous la surveillance des *præfecti classium* assistés eux-mêmes d'agents appelés *annonarii riparii* (1); ils remplissaient ainsi sur les fleuves et rivières les fonctions attribuées aux flottes de la Méditerranée et de l'Adriatique.

En dehors de cette coopération officielle, le nautes se livraient en toute indépendance aux entreprises commerciales.

Il ne paraît pas que cette institution, traitée pour ainsi dire à l'égal d'un ordre, fût contraire dans la pratique au principe de la liberté fluviale.

Tout marchand, industriel, propriétaire ou autre possédant des embarcations d'une certaine capacité, pouvait être admis parmi les nautes et participer aux avantages de l'association (2). L'on exigeait probablement des *corporati* ou des conducteurs et pilotes qu'ils employaient certaines conditions d'expérience, de moralité et d'instruction; mais ces garanties, bien loin de porter atteinte au droit public de naviguer, devaient en assurer la jouissance dans l'intérêt général. Aucune liberté

(1) Inscription IX, p. 397 du même recueil.

(2) M. J. Rabanis, Recherches sur les Dendrophores. Bordeaux, 1841, p. 44.

n'est absolue, dans quelque sphère d'activité extérieure qu'elle s'exerce et s'il en est une qui ne puisse se pratiquer sans restriction, c'est incontestablement celle qui préside à l'usage des eaux navigables. Le droit des gens moderne, après de longs siècles d'oppression, a proclamé l'affranchissement des fleuves internationaux, tout en les soumettant à une réglementation des plus strictes et, de nos jours encore, il n'est pas de gouvernement, si porté qu'il soit à favoriser le régime de la plus large concurrence, qui n'impose à tout navigateur l'épreuve d'un examen ou le contrôle d'une patente.

D'ailleurs, s'il était besoin d'un exemple pour démontrer que l'existence des collèges nautiques pouvait se concilier avec le caractère propre des eaux faisant partie du domaine public, l'on rappellerait que les associations batelières ont été reconnues par le congrès de Vienne, c'est-à-dire par l'assemblée européenne à laquelle l'on rapporte généralement le triomphe des libertés fluviales contemporaines (1).

(1) Art. XIV à XVII du mémoire de M. de Humboldt sur la convention rhénane de 1804, annexé au procès-verbal de la commission de navigation du 3 mars 1815. Art. 21 de l'acte additionnel sur le Rhin, joint au traité du 9 juin 1815.

Les expéditions fluviales avaient-elles lieu suivant un tour de rôle réglementaire ou le négociant pouvait-il librement choisir ses bateliers dans le personnel des nautes? Le prix du frêt dépendait-il des conventions des parties ou était-il fixé par la corporation elle-même? Existait-il un *péage* de navigation proprement dit ou l'État se contentait-il d'imposer la batellerie sou forme de corvées de transport? Toutes ces questions et bien

Lorsque les barbares survinrent, et durant leurs migrations successives et les diverses phases de leur établissement définitif, l'on vit disparaître peu à peu les derniers vestiges de l'activité qui régnait sur la plupart des grands fleuves d'Occident. Cette période de confusion, de violences et de stagnation commerciale se prolongea pendant plusieurs siècles.

Quelles furent alors les conditions légales des fleuves, des rivières? que resta-t-il sous la domination barbare du droit que le gouvernement des proconsuls avait maintenu sur cette portion du sol provincial? Questions oiseuses sans doute et qu'il serait d'ailleurs difficile d'éclaircir au milieu de l'obscurité profonde qui couvre les institutions de ces temps troublés. Il est vraisemblable que les eaux pérennes conservèrent leur caractère public; du moins aucun acte législatif connu n'indique un changement sur ce point (1).

Au moyen âge, le principe fondamental dont

d'autres relatives à l'exploitation fluviale, n'ont point encore été complètement élucidées; la monographie du régime de la navigation intérieure sous la domination de Rome est à faire. On pourrait très utilement consulter pour cette étude le chapitre aussi intéressant qu'instructif que M. de Boissieu a consacré aux *nautæ rhodanici et ararici* dans son ouvrage intitulé : « Inscriptions antiques de Lyon », 1854, gr. in-4°.

(1) L'établissement des barbares dans la Gaule ne supprima rien de l'organisation romaine, ni l'administration, ni la législation, ni l'organisation judiciaire... Le droit romain et le droit barbare se maintinrent dans les mêmes contrées, se modifiant insensiblement par le contact, etc...

Dalloz, *Essai sur l'histoire générale du droit français*, p. 64-65.

s'était inspirée la jurisprudence romaine dans ses maximes relatives aux cours d'eau, subit de graves modifications aussi bien en France que dans les pays voisins soumis à l'empire de la féodalité. Les fleuves passèrent du domaine public dans le domaine du souverain qui en eut possession et saisine et y exerça sur toute leur étendue « jurisdiction, justice, seigneurie, cohertion et contrainte. (1)

(1) Plusieurs textes coutumiers qualifient les fleuves de propriétés royales. La coutume de Meaux dit ad art. 182 : « on tient que tous les fleuves navigables sont au roy, s'il n'y a seigneur qui ait titre particulier. »

Les lettres de Charles VI datées de Paris, 28 août 1388, portent : « notre procureur nous a exposé que jacoit *ce que de tout et ancien temps*, nous seul et nos prédécesseurs roys de France ayons droit, possession et saisine de toute la rivière du Rosne, etc. »

Ce principe reçut plus tard une consécration plus formelle et plus générale. Ainsi une ordonnance royale de 1669 dit ad tit. 27, art. 41 : « Déclarons la propriété de tous les fleuves et rivières portant bateaux de leurs fonds, sans artifice et ouvrages de mains dans notre royaume et terres de notre obéissance, faire partie du domaine de la couronne, nonobstant tous titres et possessions contraires, sauf les droits de pêche, etc.»

Un édit d'avril 1683 ajoute : « Comme les grands fleuves et rivières navigables appartiennent en pleine propriété aux rois et aux souverains par le seul titre de leur souveraineté, tout ce qui se trouve renfermé dans leurs lits, comme les îles, péages, bacs, pêches, etc., nous appartiennent... mais comme ensuite des remontrances qui nous auraient été faites, nous aurions bien voulu nous relâcher quelque chose des droits que nous y avions par le titre de notre couronne en faveur de ceux qui en jouissent... confirmons en la propriété, possession et jouissance des îles, ilôts, attérissements, droits de pêche, etc., tous les propriétaires qui apporteront des titres de propriété authentiques, etc... »

Voir aussi la loi de l'empereur Frédéric Ier sur les droits régaliens qui s'appliquaient aux *flumina navigabilia et ex quibus fiant navigabilia*.

Peu à peu les rois distribuèrent à leurs fidèles maints profits résultant de l'exploitation des rivières navigables, se dépouillant ainsi successivement par leurs libéralités bénéficiales de la plupart des éléments *utiles* des propriétés relevant *directement* de leur couronne.

L'industrie des transports par eau ressentit nécessairement l'influence de cette transformation. Elle se pratiquait précédemment en vertu d'un droit qui était public, c'est-à-dire, qui appartenait à tout le monde. L'administration ne pouvait l'interdire à personne. Les règlements de l'autorité ne portaient pas octroi ou restriction de la faculté de naviguer; ils ne faisaient qu'en déterminer l'usage, non dans l'intérêt du pouvoir dirigeant, mais pour l'avantage de tous et de chacun. La libre navigation dépendait des institutions elles-mêmes; elle était pour ainsi dire inhérente à l'état social tel que la loi de Rome l'avait organisé. Il n'en fut plus de même sous le régime féodal. Ce n'est sans doute pas que la navigation rentrât absolument dans les attributions du domaine privé au même titre que d'autres éléments productifs des rivières, tels que le droit de pêche, d'irrigation, d'usine, etc. Mais elle dut participer de la nature des diverses concessions se rattachant à la propriété seigneuriale, concessions qui avaient un caractère privatif, exclusif de toute jouissance générale. Le joug des péages mit la batellerie à la discrétion des privilégiés riverains, soit justiciers, soit féodaux, soit alleutiers qui s'en firent leur principale source de revenus.

Dès le IXe siècle commence et se propage l'abus des droits de passage qui feront bientôt de chaque seigneurie un obstacle que les voyageurs et les marchands ne pourront franchir sans y laisser quelques dépouilles. Les communications deviendront de plus en plus difficiles et coûteuses, les populations s'isoleront les unes des autres, toute centralisation disparaîtra et la barbarie du Xe siècle remplira l'histoire de ses méfaits.

A la longue, les courants navigables, partagés en tronçons, perdront tout crédit comme voies ordinaires de trafic et les tarifs qui y frapperont impitoyablement « toutes manières de denrées et marchandises, » quelque modique qu'en soit la quantité ou le prix, forceront le commerce à rechercher de plus sûrs débouchés (1). L'on verra, par exemple, dans la suite des temps les exportations des Pays-Bas vers l'Orient, comme celles des contrées voisines du Rhin qui empruntaient la vallée danubienne, s'en détourner insensiblement pour gagner Constantinople et Alexandrie par la Méditerranée. Il arrivera même que deux ports situés sur le même bassin navigable, établiront entre eux des relations régulières par une route terrestre à peu près parallèle à ce bassin (2).

(1) Voir entre autres les tarifs publiés en 1177 et 1178 par le duc Léopold de Babenberg en la bonne ville de Stein sur le Danube.

(2) Les Hollandais approvisionnèrent longtemps le marché

Il est certain qu'en France, du XIIIe au XVIIe siècle, le pouvoir royal se montra impuissant dans la répression des abus qui soulevaient « chascun jour les grans clameurs et plaintes des marchans et voituriers par eau. » Lettres, Édits, Arrêts, Remontrances se succédaient d'un règne à l'autre et les « outrageux et insupportables aydes, péages, travers, subsides et autres impositions cueillis, levez et exigez en outre et pardessus les vieils et anciens péages, travers et coutumes », se perpétuaient « sur les rivières et autres fleuves descendans en icelles au grand empêchement du cours de la marchandise. » « Le commerce et la batellerie étaient tellement dommagés que plus bonnement ne pouvaient plus fréquenter les dites rivières[1]. »

En Allemagne l'on avait cherché à se précautionner contre la facilité avec laquelle les empereurs « par inadvertance ou importunité des supplians » auraient pu « donner et octroyer de nouveaux treuz et aydes[2] » sur les eaux pérennes et les capitulations portaient que de telles impositions ne pourraient être accordées que du consentement du

de Francfort-sur-Mein en dirigeant leurs expéditions par le Berkel, affluent de l'Issel, à travers la Westphalie. (Eichhoff, mémoire sur les quatre départements de la rive gauche du Rhin. An X.)

(1) Arrêt de 1267. Lettres du 7 décembre 1380. Lettres du 15 mars 1430. Remontrance des États du Languedoc du 8 juin 1456. Édit du 29 mars 1515. Arrêt du conseil du 9 novembre 1694 (Recueil des anciennes lois françaises par Isambert).

(2) Ces expressions sont empruntées aux Lettres royales françaises du 7 décembre 1380.

cercle dans les limites duquel elles devaient être appliquées. Mais au milieu des événements politiques qui absorbaient l'attention du chef de l'empire, les princes riverains ne se faisaient pas faute de s'octroyer à eux-mêmes les privilèges qui devaient émaner de l'initiative souveraine et comme ils avaient tous le même intérêt à défendre leurs exactions spoliatrices, ces pratiques reçurent la consécration du temps et devinrent inattaquables.

Une institution particulière, celle des relâches forcées, caractérise cette période du monopole et de la fiscalité. En vigueur sur les grands fleuves et particulièrement sur le Rhin, sur l'Elbe et sur l'Escaut, elle fut un fléau pour le commerce intérieur, tout en élevant les ports qui en bénéficiaient à un haut degré de prospérité. A l'origine, l'étape ou la relâche forcée se justifiait par certaines nécessités locales auxquelles le marchand pouvait d'autant moins échapper que les instruments de transport étaient encore imparfaits et qu'en général les voies navigables étaient abandonnées à leur état naturel. Le même bâtiment n'était pas toujours apte à de longues intercourses; il ne pouvait franchir certains passages et devait en maints endroits livrer son chargement à des embarcations d'une construction différente. Ces lieux de transbordement où bateliers et pilotes se constituaient spontanément en associations, n'étaient point désignés dans le principe par l'autorité riveraine; ils avaient leur raison d'être dans les particularités de la navigation et dans les convenances et les habitudes des négociants et des commissionnaires. Peu à peu, ce qui était facultatif devint obligatoire et tout bateau, quelle que fût la nature ou l'importance de sa cargaison, dût s'arrêter et payer tribut. L'on en vint dans certaines stations à mesurer les grains, boisseau par boisseau et à faire décharger les marchandises qui étaient mises en vente « pendant trois marchés consécutifs » ; il n'y eut pas jusqu'aux radeaux qui ne fussent contrôlés en détail et dûment taxés.

Une réaction plus apparente que réelle se produisit vers le milieu du XVIIe siècle contre ce système d'oppression. Au congrès de Westphalie on déclara solennellement : « Fluminibus quibuscumque *sua pristina securitas*, jurisdictio et usus prout ante hos motus bellicos à pluribus retro annis fuit, restituantur et inviolabiliter conserventur (1). » Mais ce vœu impératif, aussi dépourvu de vérité que de sanction, n'eut pas plus de valeur que toutes les capitulations d'empire qui, prodigues de serments dérisoires, promettaient le maintien des libertés fluviales, tandis que le batelier restait pris dans l'étau des « *Stappelmonopole* ».

Non moins vaine, quoique plus précise, fut une décision contemporaine qui visait particulièrement le Rhin (2) et en vertu de laquelle « il ne devait plus être permis de retenir, de l'une comme de l'au-

(1) § IX du traité d'Osnabruck du 24 octobre 1648.
(2) § LXXXV du traité de Munster du 30 janvier 1648.

tre rive, les bateaux passants, ni d'en exiger d'autres taxes que celles que l'on payait avant la guerre. »

Pas plus que le monitoire précédent, cette dernière clause qui se rattachait à la cession de l'Alsace à la France, n'apporta d'allègement à la batellerie rhénane; dictée d'ailleurs par un intérêt de circonstance, elle n'était point encore l'indice appréciable d'une de ces convictions communes qui portent à la reconnaissance publique d'un nouveau droit international; elle n'accusait point encore une tendance générale vers l'affranchissement des cours d'eau communs à plusieurs États. L'on pouvait d'autant moins y découvrir cette portée qu'à la même époque l'Espagne et les Pays-Bas formulaient dans un traité (1) le principe contraire en stipulant que l'Escaut, véritable débouché des dix provinces catholiques, resterait toujours fermé du côté des Provinces-Unies. Et à plus d'un demi-siècle d'intervalle, dans trois transactions consécutives, l'Angleterre et l'Autriche s'engageaient explicitement à respecter une interdiction que les Hollandais s'étaient empressés de rendre effective par l'érection des deux forts riverains de Lillo et de Liefkenshoek.

Ainsi quatre puissances, quels que fussent les mobiles politiques de leur entente sur ce point, légalisaient en quelque sorte les droits absolus de la souveraineté fluviale, comme si, à leurs yeux,

(1) Traité de Munster, § XIV.

tout État limitrophe d'un cours d'eau pouvait légitimement en défendre l'usage à son coriverain et mettre de la sorte à profit, selon les expressions cyniques des États de Zélande « les commodités et « les avantages que Dieu et la nature leur avaient « accordés (1). » La notion de ce que les Romains qualifiaient de *res communis omnium gentium* était alors à ce point obscurcie que certains gouvernements, tels que les républiques de Gênes et de Venise, prétendaient même à la propriété de la pleine mer.

L'on ne saurait mieux se rendre compte de l'esprit qui présidait alors à l'administration fluviale, qu'en consultant les actes anciens relatifs à la navigation de l'Elbe et du Rhin.

En 1669, une commission se réunit à Hambourg « pour aviser aux moyens de rendre au cours de l'Elbe les marchandises qui, par suite de l'exagération des taxes, s'en étaient éloignées pour employer le roulage. » Des plaintes très vives furent adressées au duc Christian de Mecklembourg-Schwerin au sujet des exactions commises par ses agents et on lui notifia que faute par lui de remédier à ces abus, les autres États riverains se feraient justice eux-mêmes « par voie d'exécution som« maire. »

Cette menace n'amena ni réparations, ni représailles, car trois ans plus tard la même commis-

(1) Exposé des États de Zélande dans l'assemblée des États généraux en date du 20 octobre 1646.

sion constata que le trafic décroissait d'année en année sur l'Elbe et qu'il y avait lieu d'une part « de ramener à l'ancien taux les droits exceptionnels établis pendant la guerre de Trente ans, comme sur le Rhin, et d'autre part d'en confier la perception à des fonctionnaires honnêtes et consciencieux qui s'appliqueraient à atténuer dans la pratique la rigueur des lois fiscales. »

Le représentant de la cour électorale de Brandenbourg crut pouvoir s'autoriser de ce double vote pour oser proposer *à titre d'essai et sans engager l'avenir*, une réduction de la moitié des droits prélevés sur certains articles, tels que laine, cire, drap et cuivre, « afin de s'assurer si les bateliers se laisseraient de nouveau attirer sur l'Elbe, » motion qui de prime abord parut sans doute quelque peu subversive aux autres délégués riverains, car ils s'abstinrent d'y répondre *defectu mandati* en se contentant de la prendre *ad referendum*.

Seul le délégué mecklembourgeois signifia nettement qu'aucune diminution ne serait consentie par lui « en faveur des articles nommément désignés dans une certaine catégorie du tarif, mais que pour les articles non spécifiés, un traitement plus doux pourrait éventuellement être admis, quoique son gouvernement eût le droit de les taxer en vertu de la *clausula generalis* de son privilège. » Il ajouta toutefois en mandataire prudent, qu'il ne s'engageait en rien à cet égard, se réservant d'en référer humblement (unterthänigst) à son auguste maître.

Ces négociations particulières reproduites dans le *Theatrum Europœum* de 1669 et dans les archives de l'empire d'Allemagne de l'année 1672 (1), sont curieuses à plus d'un titre. Elles offrent la preuve certaine du fait déjà signalé sur le Rhin, celui de la décadence de la navigatiom intérieure par suite d'une tarification aussi excessive qu'inintelligente. Elles démontrent par des témoignages officiels que les gouvernements ne se souciaient de la prospérité de la batellerie qu'au point de vue de leur intérêt financier, spéculation très naturelle et si complètement légitimée par les us et coutumes du temps que l'on ne se faisait pas scrupule dans une assemblée internationale de motiver une proposition de dégrèvement partiel et temporaire par la considération « que peut-être les bateliers se laisseraient attirer de nouveau sur la voie fluviale. » Ne dirait-on pas qu'il s'agissait pour les riverains de l'Elbe de surprendre les navigateurs dans un piège, comme si les fleuves étaient devenus de véritables coupe-gorges?

On voit aussi combien les petits États se montraient opiniâtres dans la défense de leurs droits et privilèges, comme toute initiative quelque peu libérale les rendait ombrageux, quel était enfin l'esprit routinier et servile de leurs représentants.

Sur le Rhin, les villes riveraines se disputaient le monopole de la navigation locale et si l'on n'y

(1) Voir aussi l'ouvrage : *Die Elbzölle.* Leipsik, 1860.

rencontrait pas «les barrières, digues, chaînes et autres empêchements» qui le long de certaines rivières françaises assuraient la perception des péages (1), la circulation n'y était pas moins interceptée aux frontières conventionnelles ou arbitraires que s'opposaient entre eux les États contigus.

L'on peut à peine s'imaginer une organisation plus compliquée et plus bizarre que celle dont le grand fleuve germanique offrait le spectacle sous l'ère féodale, et il est vraisemblable que les contemporains des premières lignées impériales ne s'y reconnaissaient guère eux-mêmes dans la confusion des lois, concessions et traités qui en régissaient l'exploitation.

Le Rhin alsacien appartenait aux Strasbourgeois qui en excluaient les bateliers de Cologne et de Mayence, ainsi que ceux de Brisach et de Bâle, tout en étant autorisés eux-mêmes à fréquenter librement les régions inférieure et supérieure (2). Plus tard, lorsque le transit indo-européen prit la voie du Cap, les Hollandais et les Colonais se garantirent réciproquement le privilége de la navigation du bas-Rhin qui trouvait dans ce changement de direction un élément nouveau d'activité.

Après la paix de Westphalie, les Mayençais furent admis à Cologne et les Colonais à Mayence.

(1) Édit royal de décembre 1672. Art. 7, chap. I.

(2) Concession des empereurs Frédéric Ier en 1190, Frédéric II en 1236 et Henri VII en 1310.

Par contre les Strasbourgeois se virent évincés de la section située en amont de Mayence.

Cependant en 1681, sur les protestations de ces derniers, un pacte fut conclu aux termes duquel Strasbourg disposa seul du Rhin jusqu'à Mayence, mais à la descente seulement. Quant à la navigation à la remonte, elle lui fut ouverte à l'époque des deux foires de Francfort, c'est-à-dire pendant trois mois, et les neuf autres mois de l'année restèrent réservés aux Mayençais. Ceux-ci furent admis à Strasbourg sans pouvoir toutefois y prendre un chargement de retour.

Sur ces entrefaites, l'électeur palatin prétendit participer aux avantages de cet arrangement, et, en 1749, il obtint de l'électeur archichancelier que ses sujets jouiraient de la moitié des neuf mois de navigation attribués aux bateliers mayençais sur le haut-Rhin. En 1751, Strasbourg consentit à la coopération palatine, mais en exigeant que l'on ajoutât à ses trois mois un mois qui serait tiré au sort; ce fut janvier qui lui échut.

Dans cet intervalle, la ville alsacienne était en contestation avec Bâle au sujet du Rhin supérieur; les bateliers suisses en eurent finalement la concession, mais en s'interdisant à la remonte tout chargement de marchandises étrangères.

Ces rivalités et transactions ne sont pas moins caractéristiques que les débats des commissions hambourgeoises de l'Elbe, et l'on se fait difficilement à l'idée que le commerce soit resté si longtemps soumis et ait pu survivre à un pareil régime. Il le subit cependant jusque vers la fin du XVIIIe siècle et telle était encore la puissance des institutions léguées par le moyen âge, que, même en 1785, à la suite des longues négociations par lesquelles l'Autriche devenue maîtresse des Pays-Bas catholiques, réclama l'ouverture de l'Escaut au profit de ses nouveaux sujets, un second traité confirma l'exclusion du pavillon belge sur la section de Saftingen à la mer, « ainsi que sur les canaux du Sas, de Swin et autres, conformément au traité de Munster (1) ».

Un écrivain de l'époque disait alors : « on voit des rivières et de très belles rivières devenues presque inutiles à la navigation par la tyrannie des péages. La Meuse, le Rhin, l'Elbe et bien d'autres gémissent sous ce despotisme extravagant, reste des traditions de la barbarie et de l'ignorance, autant que de l'avidité. Leurs bords sont infestés de corsaires insolents sous le nom de *commis* chargés de rançonner, au nom des princes dont elles fertilisent les domaines, les malheureux marchands qui s'exposent à ces ruineuses excursions (2). »

Il fut donné à la révolution française de remettre en honneur la saine doctrine de l'antiquité romaine et de rétablir partiellement ce que la civilisation avait détruit. Un arrêté du Conseil Exécutif provi-

(1) Traité de Fontainebleau du 8 novembre 1785, art. VII.
(2) Annales de Linguet, XI, p. 492.

soire en date du 16 novembre 1792 renversa d'un seul coup la barrière conventionnelle de l'Escaut en proclamant

« Que les gênes et les entraves auxquelles jusqu'alors la navigation et le commerce avaient été exposés, tant sur l'Escaut que sur la Meuse, *étaient directement contraires aux principes du droit naturel* que tous les Français ont juré de maintenir; »

« Que le cours des fleuves est la propriété commune et inaliénable de toutes les contrées arrosées par leurs eaux; »

« Qu'une nation ne saurait sans injustice prétendre au droit d'occuper exclusivement le canal d'une rivière et d'empêcher que les peuples voisins qui bordent les rives supérieures, ne jouissent des mêmes avantages; »

« Qu'un tel droit est un reste des servitudes féodales ou du moins un monopole odieux qui n'a pu être établi que par la force, ni consenti que par l'impuissance, qu'il est conséquemment révocable dans tous les moments et malgré toutes les conventions, parce que la nature ne reconnaît pas plus de peuples que d'individus privilégiés et que les droits de l'homme sont à jamais imprescriptibles, etc. » (1).

Cette mémorable déclaration qui fut une des causes de la guerre avec l'Angleterre, peut être considérée comme la première charte des libertés flu-

(1) Voir d'ailleurs la loi du 24 novembre 1790, le décret du 6 octobre 1791. Art. 4.

viales contemporaines, comme le premier gage des conquêtes successives qui dans le cours du siècle suivant devaient rendre les voies navigables à leur destination naturelle. Elle ne fut point une formule vaine, comme l'article IX du traité de Westphalie. De même que la plupart des vérités fondamentales de la théorie révolutionnaire, elle se traduisit en institutions fécondes partout où le gouvernement républicain étendit son influence ou sa domination. Les canaux eux-mêmes passèrent entre les mains de l'État, comme appartenant à tous, c'est-à-dire à personne. Dès l'année 1795 il fut convenu entre la France et la République batave que la navigation du Rhin, de la Meuse, de l'Escaut, du Hondt et de toutes leurs branches serait libre jusqu'à la mer pour les deux États contractants. Deux ans plus tard, à la paix de Campo Formio, la même disposition fut adoptée « sur la partie des rivières et canaux servant de limites entre les possessions de l'Autriche et celles de la République Cisalpine ».

Certes l'on ne songeait point encore à ouvrir les courants intérieurs aux navires de toutes les nations. Les États riverains d'une même voie navigable devaient simplement former entre eux une sorte d'association destinée à garantir à leurs sujets respectifs l'usage de cette voie sur tout son parcours.

Cette innovation n'en constituait pas moins un progrès important : l'intérêt général tendait à dominer les exigences égoïstes des souverainetés particulières; à la propriété morcelée et plus ou moins exclusive se substituait dans une certaine mesure le *condominium*, condition première d'une émancipation plus complète, c'est-à-dire d'une réforme qui n'était pas encore dans les idées du temps.

Au congrès de Rastadt, la question des fleuves prit un développement imprévu qui émut singulièrement les États petits et grands de la Confédération germanique. Par une note en date du 14 floréal an VI (3 mars 1798), les plénipotentiaires de la République française ne se contentèrent pas de réclamer pour les deux nations limitrophes du Rhin la liberté de navigation et de transit, la suppression de tous péages, la dépendance réciproque des deux riverains en ce qui concerne l'exécution des travaux fluviaux, l'égalité des droits à percevoir sur les marchandises, lors de leur débarquement, mesures qui devaient établir une étroite solidarité entre les possesseurs respectifs; ils posèrent incidemment le principe que les navires étrangers pourraient être admis sur le Rhin du consentement des parties contractantes et comme pour familiariser l'opinion publique avec une disposition aussi nouvelle, tout en cherchant à tirer parti des circonstances, ils exprimèrent l'espoir que *les affluents du Rhin et les autres grands fleuves d'Allemagne* seraient accessibles au pavillon français.

La Députation de l'empire qui eut à se prononcer sur ces ouvertures, ne crut pas pouvoir les accueillir et après avoir énuméré ses objections sur chacun des points de la note française, elle proposa le maintien du *statu quo* jusqu'à ce qu' un traité de commerce et de navigation eût réglé les relations économiques de la France avec l'empire. Cet argument dilatoire démontrait avec évidence que les hommes d'État d'outre-Rhin, encore imbus des idées féodales, considéraient comme attentatoires aux prérogatives de la souveraineté, et par conséquent comme funestes, des franchises et des engagements commandés par l'intérêt manifeste du commerce national.

En présence d'une opposition obstinée qui pouvait compromettre le succès de leur négociation principale, les plénipotentiaires français jugèrent à propos d'atténuer et de réduire quelques-unes de leurs exigences et ils écartèrent notamment de leur premier exposé la clause « de l'affranchissement des fleuves d'Allemagne » (1), modification qui aurait peut-être amené un accord, si un événement tragique n'avait brusquement mis fin au congrès.

Néanmoins les discussions pénibles et momentanément infructueuses de l'année 1798 contribuèrent à avancer l'œuvre de délivrance à laquelle la France s'était vouée avec une persévérante énergie. A la suite du traité de Lunéville, les conditions essentielles du régime fluvial proposées à Rastadt furent reproduites aux conférences de la Députation extraordinaire de l'Empire réunie à Ratisbonne en 1802 et cette fois l'Allemagne crut devoir y acquies-

(1) Note du 12 vendémiaire an VII (3 octobre 1798).

cer (1). L'archichancelier reçut les pleins pouvoirs du corps germanique pour s'entendre sur ces bases avec le gouvernement français et c'est ainsi que fut élaborée à Paris la convention du 15 août 1804, c'est-à-dire le premier code moderne de législation internationale des fleuves, l'acte auquel le congrès de Vienne emprunta dans la suite la plupart des maximes générales que le droit public contemporain a consacrées.

Cette transaction finale de 1804, dont la valeur pratique a toujours été reconnue par les juges compétents, marque l'époque la plus florissante de la navigation rhénane. Elle eut le mérite de stipuler formellement et de réaliser cet état de communauté encore indéfini qu'inaugurait l'arrêté républicain de 1792 et dont les commissaires français au congrès de Rastadt avaient tenté d'ébaucher le programme. Une direction générale permanente, revêtue d'un mandat collectif dans la personne de son unique titulaire, remplaça les différentes autorités locales qui concouraient à la réglementation du fleuve et y entretenaient le désordre par leurs rivalités. On lui confia la police, l'octroi et le service technique, en lui adjoignant des inspecteurs opérant sous ses ordres et sous sa responsabilité, organisation très simple dont le commerce éprouva bientôt l'influence réparatrice et qui ne tarda pas à être adoptée sur plusieurs autres cours d'eau

(1) IIe conférence du comité de navigation de Vienne de 1815. § 39 du recès du 25 février 1803.

européens et particulièrement sur l'Elbe et sur la Vistule.

Cependant en 1810, la France étant devenue riveraine de toute la rive gauche du Rhin par suite de l'annexion des territoires situés le long du Waal, Napoléon crut pouvoir disposer du grand fleuve comme les Anglais prétendaient disposer de l'Océan. Il décréta que tout bâtiment non français entrant dans le Rhin, devait rompre charge à Nimègue, s'il venait de l'aval, à Mayence, s'il venait d'Allemagne par le Mein, et les transports intermédiaires durent être réservés aux seuls navigateurs nationaux. C'était désavouer la doctrine libérale dont le gouvernement républicain avait poursuivi partout le triomphe et que le gouvernement impérial lui-même avait fidèlement appliquée en 1804. Cette mesure exorbitante répondait aux idées égoïstes d'une lutte à outrance et témoignait d'une sorte de vertige qui ne pouvait être de longue durée.

En 1813 la convention rhénane cessa d'être exécutée en Hollande pour faire place à une administration basée sur les errements de 1725. La direction générale du fleuve fut déléguée par les puissances alliées au comte de Solms-Laubach, revêtu des pleins pouvoirs particuliers de l'Autriche et de la Prusse et une commission mixte fonctionna sous ses ordres. On créa en même temps à Cologne une caisse centrale dans laquelle les bureaux d'octroi durent verser le produit de leurs recettes.

Les autorités nouvelles, entraînées par la passion politique qui portait alors les meilleurs esprits à réagir partout et en toutes choses contre le régime impérial, eurent hâte et prirent à tâche de détruire en détail l'œuvre d'organisation accomplie sous les auspices du gouvernement français et, comme les réformes étaient tardives ou insuffisantes, bientôt la confusion régna dans toutes les branches du service fluvial.

Les souverains des grandes puissances assemblés à Paris, en 1814, jugèrent qu'il y avait lieu de réagir à leur tour contre un arbitraire aveugle (1), qui semblait viser systématiquement à la ruine d'institutions éprouvées par une longue expérience et il leur parut convenable, sinon de restaurer intégralement sur le Rhin l'édifice impérial de 1804, du moins d'en rétablir les assises principales. Ce commun dessein leur inspira une pensée généreuse; ils résolurent de préparer les voies à l'affranchissement complet de tous les fleuves internationaux du continent et ils signèrent dans ce but cette célèbre déclaration de 1814, qui fut comme un écho de la voix de 92 conviant les peuples à la fraternité. « La navigation sur le Rhin, était-il dit dans l'article 5 du traité de Paris du 30 mai, sera libre du point où le fleuve devient navigable jusqu'à la mer, de telle sorte qu'elle ne puisse être interdite à personne et l'on s'occupera au futur congrès des prin-

(1) Voir art. 15 du projet de réglement du duc de Dalberg présenté à Vienne le 2 février 1815.

cipes d'après lesquels on pourra régler les droits à prélever par les États riverains de la manière la plus égale et la plus favorable au commerce de toutes les nations. »

» Il sera examiné et décidé de même dans le futur congrès de quelle manière, pour faciliter les communications entre les peuples et les rendre toujours moins étrangers les uns aux autres, la disposition précédente pourra être également étendue à tous les autres fleuves qui dans leur cours navigable séparent ou traversent différents États. »

Cet article 5 qui sera souvent invoqué dans cet écrit, ouvre définitivement l'ère féconde des franchises fluviales qu'annonçait l'arrêté républicain du 16 novembre 1792; disposition conventionnelle et résolution administrative, toutes deux dénotent les mêmes vues élevées, le même sentiment humanitaire et, l'on peut ajouter, la même sincérité. C'est ainsi du moins qu'a été jugée l'œuvre de 1814 par les hommes autorisés de cette époque et notamment (ce témoignage a du prix) par le baron de Stein, qui aurait dit ou écrit : « en vertu de l'article 5, la navigation du Rhin a été ouverte à tous les pavillons (1). »

Au début des conférences de Vienne, en 1815, on ignorait encore si tous les États intéressés prendraient part à la discussion du traité de Paris sur la navigation internationale. Dans une séance du 2 fé-

(1) Das Leben des ministers Freiherrn vom Stein von G. Pertz (Berlin 1851), IV, p. 28.

vrier, il fut convenu que l'on s'occuperait tout d'abord du Rhin et de ses affluents, ainsi que de l'Escaut, sauf à traiter plus tard la question à un point de vue général. Ce programme impliquait le concours immédiat de la Hollande, de la Bavière, de Bade, de la Hesse grand-ducale et de Nassau, dont les délégués s'adjoignirent effectivement à ceux de l'Autriche, de l'Angleterre, de la Prusse et de la France. Ainsi fut constituée la commission de navigation dont les actes, si vantés par les uns, si contestés par les autres, ont survécu à la plupart des transactions politiques du premier congrès européen de ce siècle.

Cette collaboration de plénipotentiaires *étrangers* et de représentants *riverains* semblait promettre un résultat conforme aux intentions solennellement manifestées par les pacificateurs de 1814. Mais l'on s'aperçut bientôt que les États rhénans ou du moins la plupart d'entre eux entendaient sauvegarder avant tout leurs positions particulières et que les concessions réclamées par l'intérêt public seraient réduites à la portion congrue.

Deux projets de règlement furent soumis à la commission, l'un prussien, l'autre français. Celui-ci fut accepté comme base des délibérations ; il portait en substance dans ses deux premières clauses « que le Rhin serait considéré comme un fleuve commun entre les États riverains et que la *navigation y serait entièrement libre et ne pourrait être interdite à personne.* »

Le principe de la communauté était naturellement posé comme élément primordial de la liberté; il convenait tout d'abord, ainsi que le démontrait le duc de Dalberg dans son article 17, (1) d'écarter les entraves intérieures auxquelles la navigation et le commerce seraient restés exposés, si une solidarité intime n'avait uni les différents possesseurs riverains. Quant à la liberté, elle n'était pas seulement garantie dans les propres termes du traité de 1814; on en marquait le caractère universel par une sorte de pléonasme, en spécifiant qu'elle serai entière, c'est-à-dire qu'elle s'étendrait au commerce et à la navigation de toutes les nations.

Néanmoins le plénipotentiaire britannique insista pour que cette dernière explication fût insérée dans le projet du duc de Dalberg, amendement qui

(1) Art. 17. « A l'égard des autres grands fleuves, nommément le Weser, l'Elbe, l'Oder, la Vistule, le Danube, le Pô, le Tage, etc., comme il a été reconnu que pour faciliter les communications des différents peuples et favoriser l'échange de leurs productions au moyen des routes fluviales, il était indispensable de diminuer le nombre des lieux de péage et de simplifier le mode de perception, en ne laissant subsister des anciens établissements connus sous le nom de droit d'étape, d'accises et de licents, que ce qui serait indispensable à la célérité du commerce et des transports et considérant que pour arriver à ce but et faire disparaître pour toujours les obstacles qui s'opposent aux relations commerciales entre les différentes nations, *le moyen le plus sûr est de considérer les fleuves depuis le point où ils deviennent navigables jusqu'à leur embouchure, comme un ensemble et d'adopter dans ce sens, tant pour la police et la perception des droits, un même système de navigation, les puissances contractantes n'envisageant que le bien général*, etc. »

(Projet du duc de Dalberg.)

fut unanimement adopté *quant au fond*, mais auquel le baron de Humboldt opposa, à quinze jours d'intervalle, la *rédaction* suivante qui prévalut : « la navigation du Rhin sera entièrement libre et ne pourra *sous le rapport du commerce* être interdite à personne. »

L'adjonction de ces mots « sous le rapport du commerce » parut suspecte à Lord Clancarty ; elle eut à ses yeux la portée d'une restriction contraire aux vues des signataires du traité de Paris et l'observation qu'il en fit, provoqua cette réponse typique qui mérite assurémeut de figurer entre guillemets : « ... Il n'y a pas lieu de modifier la rédaction de M. de Humboldt, vu qu'elle ne *semble pas* s'éloigner des dispositions du traité de Paris qui ne visaient qu'à débarrasser la navigation des entraves qu'un conflit entre les États riverains pouvait faire naître et non de donner à tout sujet d'État non-riverain un droit de navigation égal à celui des sujets riverains pour lesquels il n'y aurait aucune réciprocité. »

L'on ne reconnaît certes point ici la « parfaite bonne foi » attribuée par plus d'un historien aux négociateurs des règlements fluviaux de 1815 ; le texte prussien ne permet sans doute pas de conclure formellement à l'exclusion des pavillons étrangers ; mais, rapproché des textes français et anglais auxquels il a été substitué, il peut autoriser cette interprétation ou du moins légitimer des différences de traitement à peu près équivalentes à l'exclusion. Son auteur a pensé concilier de la sorte le respect dû aux résolutions souveraines de 1814 avec les sollicitations particularistes de 1815, ainsi qu'avec ses propres réserves (1) et il a eu recours à l'équivoque, œuvre de diplomatie qui a longtemps exercé la dialectique officielle comme les dispositions ambiguës de l'article 1er du traité relatif à la constitution du duché de Varsovie.

Il est certain que le projet de M. de Humboldt, dûment voté par la commission de navigation, a donné lieu plus tard à des systèmes divergents et qu'aujourd'hui encore, ainsi que j'aurai occasion de l'exposer dans la partie pratique de ces études, il sert d'argument à ceux qui, malgré les conventions explicites de 1814, prétendent ou ménager aux seuls riverains la navigation fluviale proprement dite ou n'admettre les étrangers à son exercice qu'à des conditions d'inégalité telles que toute concurrence leur est impossible.

Est-il vrai dès lors, comme l'ont affirmé dans ces derniers temps deux éminents professeurs de droit international (2), que l'initiative du progrès réalisé dans la législation des fleuves communs à plusieurs états appartienne surtout au baron Guillaume de Humboldt? Un tel jugement ne paraît pas seulement contraire aux données de l'histoire qui, je crois

(1) Voir notamment l'opinion émise par M. de Humboldt dans la séance du 3 mars 1815 sur l'admission conditionelle des bateliers sujets d'États qui n'ont de possession que sur les affluents du Rhin.

(2) Voir *Droit international codifie*, pages 28 et 189.

l'avoir démontré, associe le nom de la France à toutes les phases principales de ce progrès ; il ne se concilie point non plus avec le rôle du mandataire de la Prusse dans la négociation spéciale dont on se persuade qu'il a eu les honneurs. Le témoignage rendu au plénipotentiaire du roi Guillaume III revient plutôt aux plénipotentiaires anglais et français qui, par leurs propositions individuelles, tendaient tous deux à l'exacte application du programme civilisateur de 1814 et si l'on peut accuser un membre influent de l'assemblée européenne de 1815 d'avoir faussé et compromis dans son développement naturel le principe de la liberté fluviale, c'est à mon sens, M. le baron de Humboldt, le président de la commission de navigation adjointe au congrès de Vienne.

Qu'il me soit permis d'insister sur cette critique en consignant ici l'avis de plusieurs publicistes que l'on ne soupçonnera certes point de partialité ou de complaisance.

Voici ce qu'écrivait en 1860 le fonctionnaire allemand qui a fait paraître à Leipsik sous les auspices de la chambre de commerce de Hambourg, l'ouvrage si consciencieux et si instructif intitulé *die Elbzölle* : « Qui sait combien de temps aurait duré l'arbitraire qui régnait dans l'administration fluviale, si au commencement de ce siècle et *malheureusement par suite d'exigences étrangères*, une transformation radicale ne s'était opérée dans le régime fiscal du Rhin, transformation qui plus tard a pu servir de norme à tous les cours d'eau communs à plusieurs États? » Et rappelant les ouvertures des plénipotentiaires du Directoire au congrès de Rastadt, l'auteur développe cette idée que, si intolérable qu'ait été à cette époque la prépotence française, l'on doit reconnaître comme une vérité historique que c'est à la France et au congrès de Rastadt que revient pour la plus large part le mérite des maximes générales du congrès de Vienne de 1815.

Telle est à peu près l'opinion qu'émettait un membre de la diplomatie allemande dans une brochure anonyme datée de 1822 (1); « il était réservé au XIXe siècle, disait-il, d'entreprendre sur le Rhin les réformes sollicitées depuis longtemps pour le vœu public et c'est de la France que partit l'étincelle..... Ce dut être un Napoléon qui introduisit sur le grand fleuve un système incomparablement supérieur à tout ce qui avait été tenté ou accompli jusqu'alors sur les cours d'eau de la confédération... La convention de 1804 restera un modèle pour toute administration fluviale. »

Un autre diplomate allemand, M. de Daxenberger, résumant dans une note substantielle les premières délibérations de la commission de 1815, fait ressortir, en se contentant de les souligner, les passages du projet du duc de Dalberg (2) qui établissent la parfaite conformité de ce projet avec

(1) Neue organisation der Schiffahrts und Handelsverhältnisse auf dem Rheinstrome. Basel 1822. III Vorrede, p. 5, 7, 9.

(2) Art. 1, 2, 3, 6, 17.

l'esprit et les termes du traité de 1814. Puis, discutant le « mémoire préparatoire » du baron de Humboldt, il dévoile ainsi la préoccupation du ministre prussien : « Quoique M. de Humboldt se réfère à l'article 5 de la paix de Paris comme devant servir de base aux travaux du congrès et tout en professant d'une manière générale le principe d'une entière liberté de navigation, l'on peut s'apercevoir *qu'il désire apporter certaines restrictions au traité de Paris de* 1814 dans l'intérêt particulier des États riverains du Rhin (1). »

Cette dernière appréciation qui emprunte une autorité particulière à la mission officielle de son auteur, à sa compétence et aux circonstances dans lesquelles elle a été formulée, réduit à sa juste valeur l'éloge gratuitement décerné à M. de Humboldt. On peut en déduire cette double proposition : le traité de Paris de 1814 voulait l'entière liberté de la navigation fluviale (2) ; le négociateur prussien, tout en rendant un hommage apparent à ce principe, a cherché à en éluder certaines conséquences pratiques au profit des souverainetés riveraines. »

Voilà la vraie caractéristique de cet article 1er qui, extrait de l'acte spécial au Rhin, a été inséré sous le n° 109 dans le traité principal de 1815.

(1) Leitende Grundsätze in Bezug auf die Grenzen der Schiffahrt Freiheit auf der Donau, par de Daxenberger, délégué de Bavière à la commission riveraine du Danube. Mémoire communiqué dans la séance du 30 mars 1857, mais non inséré au protocole.

(2) Wurm, cinq lettres sur la liberté fluviale, p. 23.

Le duc de Dalberg rencontra d'ailleurs sur d'autres points essentiels de son projet l'opposition résolue du particularisme rhénan. La motion qu'il fit de prélever l'octroi en commun, ainsi que cela se pratiquait depuis 1804, fut rejetée sur les objections de la Prusse et la perception par État fut préférée. De même, d'après le plénipotentiaire français, la future commission riveraine devait pourvoir aux travaux d'entretien et d'amélioration, en fournissant les fonds nécessaires sur le produit des droits dont l'encaissement se serait effectué sous sa surveillance. L'on décida que le soin de la navigabilité fluviale serait abandonné à chaque membre de l'association riveraine.

Le même souci des prérogatives de la souveraineté l'emporta, lorsqu'il s'agit de se prononcer sur la nomination d'un directeur appelé à centraliser l'administration commune. La principale institution de 1804 fut condamnée. Enfin, pour empiéter le moins possible sur les droits des autorités territoriales, l'on réduisit la commission riveraine au rôle d'assemblée purement délibérative, en ayant soin de stipuler qu'elle pourrait adresser des plaintes aux représentants locaux des différents gouvernements, mais que ceux-ci n'auraient à y déférer, que s'ils n'y voyaient pas d'objections majeures.

Je ne poursuivrai pas dans ses détails l'analyse du règlement de 1815 qui a servi de type à la plupart des conventions fluviales européennes ; il suffira, en le comparant à celui de 1804, de constater qu'il est inférieur à son devancier, en ce qu'il limite au détriment des intérêts généraux, le cercle d'action du *condominium* riverain et que, si l'on excepte les dispositions plus libérales relatives aux relâches forcées, aux associations batelières, à la réduction du nombre des bureaux d'octroi et au tarif, ce qu'il renferme de bon et d'utile est déjà contenu dans la convention conclue à Paris sous le premier empire.

D'un autre côté, le règlement de Vienne a négligé de trancher plusieurs points intéressants qui, sans cette omission, auraient reçu des solutions identiques sur les courants internationaux. Je signalerai notamment le contrôle douanier, le cabotage, l'exécution des ouvrages fluviaux sur les sections communes, la répartition du tarif, la classification des marchandises.

En résumé, l'activité trop diplomatique de la commission de 1815 n'a pas absolument répondu à cet esprit cosmopolite dont ses premières instructions portaient l'empreinte manifeste et l'on ne saurait, je crois, soutenir que ses résolutions obscures, ou restrictives ou incomplètes, réalisent fidèlement les prévisions de l'article 5 du traité de 1814.

Il convient toutefois de prendre en considération les difficultés nombreuses qu'offrait le mandat confié à cette commission. Les intérêts particuliers de chacun des États contractants étaient aux prises et, à en juger par la vivacité des controverses que suscita bientôt la Hollande, plus d'une transaction devait s'imposer aux délégués du congrès. D'ailleurs la discussion des règlements fluviaux n'était, pour ainsi dire, qu'un incident secondaire au milieu des graves négociations politiques suivies à Vienne, et l'on ne pouvait dès lors y apporter toute l'attention et toute la maturité qu'exigeait l'examen d'une question spéciale aussi compliquée.

Combien plus jalouses et plus osées se montrèrent les résistances individuelles, lorsque l'on en vint à l'application des lois sommaires de 1815! Il s'agissait alors pour chaque État de sacrifices réels ou du moins de renonciations prochaines qui tout en profitant au *consortium* nouveau dont il faisait partie, atteignaient dans plus d'un service public les autonomies locales. Celles-ci durent élever la voix avec d'autant plus de hardiesse et d'autorité qu'elles possédaient alors une importance à laquelle elles n'avaient pu prétendre au congrès. Chacun calcula, disputa son offrande à la communauté, comme dans ces anciennes réunions rhénanes qualifiées de Chapitres de péages (1), qui étaient appelées à redresser maints abus, mais dont les membres s'opiniâtraient à défendre les institutions de leur pays.

Ce fut en général sous l'influence de dispositions analogues que les États riverains du Weser, de l'Ems, de l'Elbe et du Rhin exécutèrent les con-

(1) Ces chapitres se tenaient à Cologne ou à Bingen.

ventions de Vienne. L'Escaut seul et plus tard le Pô furent placés sous un régime conforme aux prescriptions du traité européen de 1814.

L'acte du Rhin, négocié à Mayence de 1816 à 1831, mérite une mention particulière, non seulement parce qu'il a régi longtemps le cours d'eau dont la législation occupe la plus grande place dans le droit fluvial moderne, mais aussi parce que rédigé sous la dictée de la Prusse dont la direction fut constamment prépondérante dans la commission rhénane, il apparaît comme la traduction vivante du dogme établi par M. G. de Humboldt.

Le cabinet de Berlin se proposait un double but en abordant la tâche que le congrès avait assignée aux sept États convoqués à Mayence le 5 août 1816 : maintenir jusqu'à l'adoption d'un règlement définitif le statu quo nouveau dont elle retirait de nombreux avantages, obtenir de la Hollande la liberté du transit maritime par les embouchures du fleuve. Je n'ai pas à insister ici sur la situation privilégiée dont il était naturel que le gouvernement du roi Frédéric-Guillaume III cherchât à assurer la durée provisoire. Je relève simplement, les documents sous les yeux, que ces préoccupations portaient principalement sur les revenus de l'octroi dont il percevait à lui seul les quatre cinquièmes et sur la relâche forcée de Cologne que la commission centrale avait résolu de supprimer en vertu d'une convention intitulée « instruction intérimaire ».

En ce qui concerne le régime de la navigation

dans la région maritime du fleuve, question capitale dont la discussion fut retardée jusqu'en 1823, le délégué prussien soumit de prime abord à ses collègues une définition qui semblait l'indice de tendances plus libérales que celles qu'avait dénotées son gouvernement au congrès de Vienne et dans les conférences postérieures de Hambourg et de Dresde. D'après l'article 1er du projet présenté par M. Delius, « l'on devait entendre par le mot *Rhin* toute l'eau navigable qui s'étend de Bâle dans la direction d'Amsterdam, de Rotterdam et de Dordrecht jusqu'en pleine mer et vice versâ », ce qui pouvait laisser croire, comme on l'a un moment admis à Mayence (1) que dans la pensée de la chancellerie de Berlin, le Rhin étant censé se prolonger jusqu'à la limite extrême de la partie maritime sur laquelle la Hollande exerce sa souveraineté, le fleuve devait être ouvert aux bâtiments de toutes nations.

Telles n'étaient cependant pas les intentions de la Prusse. L'on pouvait déjà soupçonner ses réserves en lisant avec attention le texte explicatif qui suivait immédiatement la définition proposée par son agent à Mayence. « Le Rhin, était-il dit dans l'article 2 du projet de M. Delius, est libre *comme route commerciale* pour tous les États et pour toutes les nations. » C'était, on le voit, une simple version de la phrase sacramentelle de 1815 : « La naviga-

(1) Protocole 290.

tion du Rhin, ne pourra *sous le rapport du commerce* être interdite à personne. »

La suite des délibérations vint bientôt dissiper les doutes qu'avait fait naître l'initiative du commissaire prussien. Celui-ci développant sa motion sous forme de « communications confidentielles », s'appliqua à démontrer qu'il lui importait d'amener la Hollande à consentir au dégrèvement des droits de transit et à la suppression de toutes les prohibitions directes ou indirectes incompatibles avec les intérêts des États riverains et il donna de plus à entendre que si satisfaction lui était donnée à cet égard, l'on arriverait à s'accorder sur la définition de l'étendue du Rhin repoussée par les Pays-Bas.

A quelque temps de là, les ouvertures de M. Delius furent renouvelées à son instigation par le délégué de la Bavière, qui insinua dans une note qualifiée de « propositions conciliatoires », que l'on renoncerait à la définition prussienne, si l'on concédait *la liberté de navigation jusqu'en pleine mer pour les bâtiments des sujets riverains et la liberté de commerce pour toutes les nations.*

Cette conclusion n'était elle-même que le commentaire de la maxime introduite par M. de Humboldt dans les traités de Vienne; car si elle impliquait plus clairement la mise en interdit des pavillons étrangers, elle ne la prononçait pas d'une manière formelle et il est probable que si la Prusse, sous le couvert de la médiation bavaroise, s'abstenait d'énoncer nettement le principe d'exclusion qu'elle était résolue à faire triompher, c'était surtout par ménagement pour le gouvernement anglais dont le concours lui paraissait nécessaire dans sa lutte contre les Pays-Bas (1).

Quoi qu'il en soit, à l'époque de la présentation des propositions conciliatoires de la Bavière, c'est-à-dire en 1824, des pourparlers directs étaient engagés à Bruxelles entre la Prusse et la Hollande et l'on savait à Mayence que l'on n'y traitait que la question du transit commercial.

Enfin, en 1829, un arrangement particulier intervint entre les deux États rhénans aux termes duquel le principe de la liberté de navigation ne fut reconnu *qu'en faveur des États riverains*, sous certaines conditions fiscales applicables au commerce de tous les pays.

Tel fut l'épilogue des longs débats provoqués

(1) En 1829 quelques négociants prussiens furent induits à affréter à Londres un navire hollandais dont la cargaison composée en majeure partie de marchandises anglaises, devait être transportée directement à Cologne. On voulait essayer de la sorte, comme on essaya en effet, de mettre en pratique, *non la liberté de navigation*, car dans ce cas on aurait affrété un bâtiment anglais, mais la liberté du commerce de transit dans le sens attribué au traité de Vienne.

Le bâtiment fut arrêté à Rotterdam et dut payer les droits de transit.

Cet incident, qui projette une vive lumière sur les desseins de la Prusse, rappelle la mésaventure du brigantin impérial qui parti d'Anvers le 8 octobre 1785 pour tenter la sortie de l'Escaut, fut retenu par les autorités hollandaises, à la hauteur de Saftingen.

par l'article 1er du projet prussien; tel est aussi le résumé des dispositions comprises sous le titre I du règlement signé à Mayence le 31 mars 1831 entre les États riverains du Rhin.

La France, pour des raisons qu'il n'importe pas d'exposer ici (1), assuma dans cette négociation spéciale un rôle ingrat, de nature à jeter le trouble dans l'esprit des défenseurs des franchises fluviales : elle se montra constamment conciliante vis-à-vis des Pays-Bas, laissant à la Prusse toutes les apparences du libéralisme dans les limites tracées par son programme.

La question du libre usage des fleuves internationaux avait été également soulevée en Amérique vers l'époque où Joseph II revendiquait pour ses sujets belges l'accès de l'Escaut inférieur. Le cas était identique, l'Espagne entendant exclure le pavillon des États-Unis de la région du Mississipi située entre la Louisiane et la Floride. Le cabinet de Washington protesta longtemps contre un tel abus de la possession riveraine, le déclarant contraire aux principes du droit naturel, comme aux stipulations du traité conclu avec l'Angleterre, lors de la cession de la Floride à l'Espagne. Il obtint enfin gain de cause par le traité de San Lorenzo el Real, signé en 1795.

Plus tard, en 1827, un différend analogue surgit

(1) Voir à ce sujet la 2e partie du mémoire prussien qui commente la 1re partie du projet de règlement du Rhin intitulée : *De la navigation du Rhin en général.*

entre l'Angleterre et l'Union américaine à propos du Saint-Laurent dont la section maritime était interdite à ce dernier État. Le gouvernement britannique auquel on rappelait les règlements du congrès de Vienne qu'il avait souscrits, objectait que ces actes étaient le résultat d'un consentement mutuel fondé sur les intérêts des États riverains et qu'à ce titre on ne pouvait les invoquer contre lui. Ce ne fut qu'en 1854, par le traité dit de réciprocité, qu'il consentit à l'admission des navires de l'Union sur le fleuve canadien.

L'exploitation du Rio de la Plata et de l'Amazone a de même donné lieu à plusieurs conventions internationales inspirées par l'exemple des gouvernements européens. L'État de Buenos-Ayres prétendait disposer à son gré du cours inférieur du Rio de la Plata et en défendre la fréquentation au Paraguay dont il est la seule issue sur l'Océan. Le Brésil et plusieurs autres puissances intervinrent vainement pour vaincre sur ce point l'obstination du général Rosas.

En 1852 le général Urquiza, successeur du dictateur argentin, se montra plus tolérant et par un traité passé avec le Brésil et l'État oriental de l'Uruguay, il fut convenu que l'Uruguay et ses affluents seraient considérés comme des cours d'eau communs aux parties contractantes et que les autres États riverains du Rio de la Plata et de ses affluents seraient appelés à prendre un arrangement semblable pour le Parana et le Paraguay.

En 1853, le général Urquiza, en vertu d'un second traité avec l'Angleterre, la France et les États-Unis, concéda la libre navigation sur toute la partie du Parana et de l'Uruguay dépendant de la confédération. Le Paraguay de son côté s'entendit avec le Brésil au sujet du régime du rio Paraguay que plus tard la France et l'Angleterre obtinrent le droit de remonter jusqu'à l'Assomption.

Enfin, les fleuves de la Bande orientale furent ouverts à tous les pavillons.

D'autre part, le Pérou s'était assuré en 1851 le libre usage de l'Amazone auquel avaient été appliqués les règlements de 1815 sous la réserve de l'exclusion des navires étrangers. Cette dernière exception fut levée par le gouvernement brésilien en vertu d'un décret du 31 juillet 1867.

En comparant le droit conventionnel américain au droit européen sur la navigation des fleuves qui séparent ou traversent plusieurs territoires indépendants, l'on remarque que les progrès accomplis sur les deux continents ont été déterminés par les mêmes causes et qu'en général ils ont passé par des phases analogues. Comme sur l'Escaut, les riverains inférieurs du Mississipi, du Saint-Laurent, du Rio de la Plata, de l'Amazone se sont tout d'abord arrogé le droit de défendre leur domaine fluvial aux États situés en amont. Ils se sont ensuite formés en communauté avec ces États, tenant à l'écart les étrangers, comme l'ont fait les riverains de l'Escaut, du Rhin, de la Meuse, du Pô à la fin du dernier siècle. Puis les navires étrangers ont apparu sur la plupart de ces fleuves et de leurs affluents.

Ces conquêtes successives de la civilisation permettent d'augurer que l'Amériqne réalisera bientôt dans sa conception la plus large cette liberté fluviale qui pour elle est un intérêt de premier ordre. Aucune contrée du globe en effet n'est dotée de courants intérieurs plus puissants et plus nombreux. Pour l'Amérique méridionale surtout, ces artères multiples sont les principales et parfois les seules voies de communication et l'on peut dire que l'existence même de plus d'un État du nouveau monde dépend de leur libre exploitation.

Ainsi, comme je l'exposais dans les pages précédentes, les maximes fluviales du congrès de Vienne laissaient planer le doute sur les droits des pavillons étrangers et l'application qui en avait été faite sur plusieurs cours d'eau européens, tels que l'Elbe, le Weser et le Rhin, tendait à consacrer et à généraliser la règle que la navigation intérieure devait rester le privilège des États limitrophes. Le Congrès de Paris de 1856, en soumettant le Danube sur toute son étendue au régime des fleuves « conventionnels », semble avoir voulu rétablir à cet égard la loi méconnue de l'égalité universelle.

Il importe de relater avec quelque détail les circonstances dans lesquelles s'est accompli cet acte de haute justice et de réparation.

L'Autriche-Hongrie occupe le long du Danube un territoire à peu près égal à celui de ses cinq coriverains. Néanmoins jusque vers 1830, elle n'exploitait que la région du fleuve située en amont des Carpathes et son pavillon n'apparaissait que rarement sur les eaux inférieures. A cette époque, le comte Zecheny entreprit une exploration au delà du passage dangereux des Portes de Fer et démontra la possibilité de créer et de maintenir une communication continue des frontières bavaroises jusqu'aux embouchures. Cet événement provoqua un tel enthousiasme en Hongrie que Pesth se crut déjà port de mer. Une société de navigation à vapeur ne tarda pas à se constituer sous les auspices du comte Zecheny, puis sous le patronage officiel du gouvernement impérial; elle organisa un service régulier de transports de marchandises et de voyageurs sur tout le cours du fleuve jusqu'en Moldavie et elle prit à la longue des développements à défier toute concurrence.

L'Autriche parvint ainsi à dominer le commerce danubien et l'on doit reconnaître que les provinces orientales, qu'elle rattachait ainsi à l'Occident, puisèrent dans l'activité extraordinaire de la « Compagnie impériale et royale privilégiée » de précieux éléments de bien-être et de civilisation,

Cependant, et c'est ici que se montrent les analogies que l'on retrouve à l'origine de toutes les libertés fluviales, la Russie possédait de fait, depuis 1828, l'embouchure de Soulina et on lui prêtait le dessein d'entraver, dans l'intérêt du port d'Odessa, le trafic auquel cette branche servait d'unique débouché. Pour prévenir de ce côté toute entreprise hostile, le cabinet de Vienne conclut avec celui de Saint-Pétersbourg le traité du 25 juillet 1840.

A part les formules stéréotypées du congrès de 1815, cet arrangement portait que le gouvernement russe aviserait au déblaiement de l'embouchure de Soulina, à la construction d'un phare, etc., engagements qui, paraît-il, ne furent qu'imparfaitement remplis. L'Autriche songea un moment à se rendre indépendante de la Russie en cherchant à se ménager une voie par l'embouchure neutralisée du Saint-George; mais elle dut reculer devant les difficultés matérielles de ce projet. Elle tenta même de se frayer un passage terrestre vers la mer Noire par Tchernavoda et Kustendjé. Survint la guerre de Crimée. Lors des négociations qui s'ouvrirent à Vienne entre les belligérants, le gouvernement de l'empereur François-Joseph profita naturellement de son rôle de médiateur pour placer au nombre des conditions de paix la liberté du Danube et de ses embouchures. Mais dans sa pensée, et les mesures qu'il proposa ne laissent aucun doute à cet égard, il ne devait s'agir que du Danube inférieur, la navigation en amont n'ayant jamais, disait-il, suscité de conflits entre les États riverains.

Au congrès de Paris, le gouvernement français, renouant le fil de traditions nationales et s'autorisant du fait que la Turquie serait admise à participer aux avantages du droit public et du concert européen, insista pour que les principes du congrès de 1815 prévalussent sur le haut comme sur le bas Danube et en conséquence de l'accord unanime qui s'établit sur ce préliminaire, il fut décidé par les articles 15 et 16 du traité du 31 mars 1856 que, sauf les règlements de police et de quarantaine à édicter pour la sûreté des États limitrophes, *il ne serait apporté aucun obstacle quel qu'il fût, à la libre navigation du Danube* et que, sous le rapport des droits à prélever aux embouchures, *comme sous tous les autres, les pavillons de toutes les nations seraient traités snr le pied d'une parfaite égalité.*

L'article 5 du traité de Paris de 1814 ne pouvait recevoir un commentaire plus formel et plus précis.

Néanmoins, lorsque les délégués danubiens s'assemblèrent pour discuter la convention spéciale à laquelle ces clauses les conviaient, l'on vit surgir des résistances qui rappelaient en plus d'un point celles dont l'article 109 du traité de 1815 avait été l'objet dans les conférences des riverains de l'Elbe, du Weser et du Rhin.

Plusieurs dispositions arrêtées à Vienne dans ces circonstances parurent en désaccord avec les vues des signataires de la seconde paix de Paris et donnèrent lieu à des représentations de la part des quatre grandes puissances occidentales et de la Russie. Je citerai simplement ici comme élément de la question générale exposée dans cette introduction, les articles en vertu desquels les riverains seuls auraient eu le droit de pratiquer la navigation intermédiaire, c'est-à-dire le cabotage fluvial.

Jusqu'à présent le règlement du Danube du 7 septembre 1857 n'a point été mis à exécution (1).

Pour compléter cette courte notice historique, il me reste à relater un dernier incident digne d'attention, la conclusion d'un second traité sur la navigation du Rhin.

En 1868, les délégués des États riverains de ce fleuve, à l'exemple des riverains de l'Elbe, se constituèrent en « commission de révision » pour coordonner et simplifier la législation de 1831 qui avait été successivement modifiée sur de nombreux points d'intérêt secondaire. Ils n'hésitèrent pas cette fois à adopter l'amendement que lord Clancarty avait vainement défendu dans la 7e conférence de 1815 et qui spécifiait que le Rhin serait ouvert au commerce et à la navigation de tous les pays; mais la commission rhénane se contenta de la *formule*, subordonnant le *bénéfice* à des conditions telles que le fleuve, il est permis de l'affirmer, n'est pas plus accessible qu'auparavant aux marines étrangères.

La convention revisée du Rhin, mise en regard de celle de 1831, a le mérite, et c'est à la Prusse surtout qu'il revient, d'avoir prononcé l'abolition de l'octroi de navigation, tout en resserrant les liens de la communauté fluviale. Cependant, comme les étrangers ne jouissent pas *plano jure* des avan-

(1) La disposition de l'article 55 du traité de Berlin du 13 juillet 1878, rapprochée du Ve protocole du congrès de Paris de 1856, peut être considérée comme une importante concession faite à l'Autriche-Hongrie.

tages reconnus aux riverains, elle trompe la confiance à laquelle semblaient autoriser les stipulations libérales du congrès de 1856. Les principes qui s'en dégagent (je l'expliquerai dans un chapitre spécial) ne font qu'ajouter une nouvelle variante aux différents systèmes basés sur les maximes du congrès de 1815 et l'on est moins fixé que jamais sur le sens et sur la portée du droit public applicable aux fleuves internationaux.

Je me propose, à titre d'essai, d'interpréter ce droit dans les pages qui vont suivre, en m'appliquant surtout à l'examen raisonné des trois grandes transactions européennes de 1814, de 1815 et de 1856.

I

ÉTENDUE DU DOMAINE FLUVIAL COMMUN

---

§ 1.

En 1819, dès l'ouverture des négociations relatives au règlement définitif de la navigation du Rhin, une vive controverse s'éleva entre la Hollande et ses coriverains au sujet de la délimitation du domaine fluvial soumis au régime de la communauté conventionnelle. Le désaccord, qui prit bientôt les proportions d'un grave incident diplomatique, portait sur l'interprétation des deux clauses fondamentales de 1814 et de 1815 en vertu desquelles le Rhin et éventuellement les autres cours d'eau partagés entre plusieurs souverainetés, étaient déclarés libres « du point où ils deviennent navigables *jusqu'à la mer*. »

Suivant l'opinion du gouvernement néerlandais, et contrairement à l'avis de la plupart des gouvernements représentés à Mayence, l'expression «jusqu'à la mer» n'était pas synonyme de celle «jusque dans la mer» et la région maritime des embouchures « dont l'empire, d'après le droit des gens, appartenait incontestablement aux Pays-Bas (1), » devait par conséquent rester étrangère à l'administration fluviale proprement dite. Le congrès de Vienne, affirmait-on à Bruxelles, l'avait certainement entendu ainsi en disposant à l'article 3 de l'acte spécialement consacré au Rhin, que le tarif à percevoir pourrait être appliqué à la section qui s'étend de la frontière hollandaise *aux embouchures*. Si les signataires du traité de 1815 avaient eu en vue les eaux maritimes dans lesquelles se confond le Rhin, ils les auraient sans doute mentionnées ou du moins il se seraient abstenus de désigner comme confins de la région « conventionnelle » l'endroit où la voie internationale *débouche* dans la mer.

D'ailleurs, ajoutait-on, la prétention de considérer le Rhin comme se prolongeant « jusque dans la mer, » c'est-à-dire, « jusqu'en pleine mer » (*bis in die offene See*) serait contraire au principe de juste réciprocité qui préside à la constitution de toute association librement consentie. L'apport de chaque État riverain se compose de la partie du fleuve qui parcourt ou longe son territoire. Réclamer de la Hollande l'usage en commun des eaux « extra-fluviales », ce serait vouloir l'obliger à céder plus que les autres, sans qu'elle pût être assurée de suffisantes compensations.

(1) Protocole de Mayence, n° 290.

Cette thèse prêtait à plus d'une critique. Autrefois les bâtiments du Rhin communiquaient librement avec la mer. Un décret français du 21 octobre 1811 leur confirmait expressément ce droit en les assujétissant aux embouchures à un simple octroi analogue à celui qui se prélevait dans les ports intérieurs. Les villes et les États du bas-Rhin n'avaient jamais reconnu la légitimité des impositions et des lois prohibitives que le gouvernement hollandais entendait rétablir et qui devaient faire revivre une pratique condamnée depuis près d'un siècle.

Or, en 1814, lorsque les grandes puissances réunies à Paris convinrent d'accroître le territoire des Pays-Bas, elles résolurent en même temps de maintenir les institutions libérales auxquelles la navigation du Rhin avait dû sa prospérité. Ces deux dispositions étaient connexes et il ne pouvait être loisible au nouveau souverain rendu à ses sujets de bénéficier de l'une et de se soustraire aux obligations résultant de l'autre.

Était-il vraisemblable d'ailleurs que l'on eût consenti à Vienne à remettre en question une situation acquise en rendant les États rhénans tributaires d'un seul et en exposant le commerce des pays limitrophes à l'arbitraire d'une administration indépendante de la communauté?

L'on ne pouvait non plus assimiler d'une manière absolue la propriété maritime à la propriété territoriale et en voulant disposer sans réserve de sa région côtière, la Hollande défendait une doctrine contraire au droit des gens.

Quant à l'argument fondé sur la réciprocité, il n'aurait été de quelque poids dans la discussion des intérêts respectifs qu'autant que la navigation néerlandaise aurait pu légitimement appréhender un réel préjudice de la liberté réclamée par les riverains supérieurs. Or, il était constant qu'elle n'avait à redouter la concurrence de ceux-ci ni à l'importation, ni à l'exportation.

Enfin, il y avait à considérer que l'octroi nouvellement introduit sur le fleuve était inférieur de près de moitié aux anciens péages et que les États riverains supportaient de ce chef une perte annuelle de près de deux millions de francs, sacrifice qui profitait surtout à la Hollande dont les relations commerciales étaient incomparablement plus actives que celles d'aucun de ses associés rhénans.

Telles étaient à peu près les raisons produites de part et d'autre au cours du débat qui avait pour objet la délimitation du Rhin conventionnel. Dans l'intervalle, le gouvernement du roi Guillaume Ier s'était empressé d'organiser ses douanes sur l'embranchement le plus navigable, c'est-à-dire, sur le Waal, qu'il traitait comme domaine maritime à partir de Gorcum point où remontent les marées.

La question ainsi posée fut portée devant le congrès de Vérone sur l'initiative indirecte du cabinet de Berlin. Dans une note datée du 27 novembre 1822, lord Wellington déclara au nom de sa cour que, contrairement *à l'esprit et à la lettre* du traité de Vienne, la Hollande « avait jugé à propos de fermer les embouchures du Rhin au commerce du monde, » que le transit de certaines marchandises y était absolument interdit et que « cet objet étant d'un intérêt général », il avait ordre de proposer aux ministres des puissances alliées que le cabinet de Bruxelles fût officiellement invité à respecter ses engagements.

Une démarche collective eut effectivement lieu dans ce but et fut suivie de pourparlers individuels qui durèrent des années. Enfin, une transaction intervint en 1831 à Mayence où fut signé un acte de navigation entre les sept États rhénans. L'on convint d'écarter provisoirement toute discussion de principe, chacun réservant ses convictions et ses droits et les bâtiments du Rhin purent passer librement du fleuve dans la mer et *vice versâ* moyennant l'acquittement d'un droit fixe destiné à remplacer « tous droits de transit, péages et autres impositions de même nature ».

Cet arrangement était un simple *modus vivendi* qui ne résolvait qu'imparfaitement la difficulté fondamentale soulevée par l'article 5 du traité de 1814 et par l'article 2 de l'acte final de Vienne de 1815, car il n'autorisait pas les riverains supérieurs et encore moins les étrangers à s'opposer d'une manière efficace à toute entrave que rencontrerait la navigation sur le cours inférieur du Waal et du Leck, c'est-à-dire en aval de Gorcum et de Krimpen (1).

Aussi le cas se représenta-t-il en 1868, lors de la revision de la convention de 1831. La Prusse insista pour que les Pays-Bas reconnussent comme dépendant de la communauté, non seulement le Leck et le Waal jusqu'à Gorcum et Krimpen, mais encore la partie maritime de ces deux branches qui prennent au-dessous des deux ports susmentionnés les noms de Mervede et de nouvelle Meuse.

Le gouvernement néerlandais se refusa encore à cette concession, tout en s'engageant spontanément à laisser ouvertes aux seuls bâtiments du Rhin et à maintenir en état de navigabilité les diverses issues comprises entre Dordrecht, Rotterdam et Hetvetluis.

Si incomplet que fût le résultat de ces diverses négociations, il faisait ressortir l'isolement des Pays-Bas et l'unanimité persévérante de ses coriverains allemands. D'ailleurs, bien avant la signature de la convention rhénane de 1831, les États limitrophes du Weser et de l'Elbe avaient résolu pour leur compte cet interminable différend en portant les confins de leur domaine fluvial jusqu'en pleine mer, *bis in die offene See*, disposition qu'adoptèrent plus tard les riverains du Danube (2). De son côté la

(1) Heffter dans son Droit international de l'Europe, p. 157, Wheaton dans ses Éléments I, p. 184 disent à tort que la question fut définitivement tranchée par la convention mayençaise de 1831.

(2) Art. 1 de l'acte de navigation de Vienne de 1857.

Commission européenne siégeant à Galatz stipula avec plus de précision dans son Acte Public du 2 novembre 1865, que la compétence des autorités fluviales s'exercerait sur les eaux de la mer dans un rayon de deux milles nautiques à partir du musoir de la digue-nord de Soulina.

L'expression du traité de 1815 *jusqu'à la mer* est donc généralement considérée comme synonyme de celle «jusque dans la mer» et cette interprétation est aussi conforme au bon sens qu'à l'équité (1).

Quant à l'explication hollandaise du mot «embouchure» qui tendrait à faire remonter la région maritime bien avant dans les terres, de telle sorte que la Mervede et la nouvelle Meuse se trouveraient en dehors du régime fluvial proprement dit, elle est contraire à l'opinion de la plupart des auteurs qui ont écrit sur cette matière (2). D'après eux, le cours d'un fleuve s'étend «jusqu'aux parties extrêmes des rivages où ses eaux quittent le territoire, dussent-elles se confondre déjà d'avance avec

(1) La formule «jusqu'à la mer» était usitée depuis des siècles sans que personne eût jamais songé à en discuter le sens. Un édit royal, daté de Paris 29 mars 1515, portait : «Receue avons l'humble supplication de nostre procureur général et du procureur général des marchans fréquentans et marchandans en nostre rivière de Loire depuis le commencement que la dite rivière est navigable *jusques à la mer*.»

Aussi Wurm dit-il plaisamment, en qualifiant l'objection du commissaire néerlandais de «coup de maître» : «In hundert Jahren wird schwerlich ein Mensch geboren dem bei lebenslängem Nachdenken so was einfiele. V^e lettre, p. 31.

(2) Heffter, Jacobsen, Phillimore, Wheaton, etc.

celles de la mer dans un bassin plus vaste que celui qui est propre à la nature du fleuve (1). »

§ 2

La délimitation supérieure du domaine fluvial commun dépend tout à la fois de l'état normal du cours d'eau et de l'accord des intéressés, c'est-à-dire qu'elle est indiquée soit par la localité, soit par la frontière riveraine à partir de laquelle la navigation s'exerce plus ou moins régulièrement (2).

C'est ainsi que le Rhin conventionnel ne dépasse pas les confins du canton de Bâle et que par suite la Suisse n'envoie pas de délégué aux conférences de Mannheim.

Sur le Danube, c'est le port d'Ulm que l'on regarde comme le point extrême du grand trafic fluvial et le Würtemberg est représenté dans la commission de Vienne, tandis que le duché de Bade en est exclu.

La communauté du Weser ne comprend que les États situés en aval du confluent de la Werra et de la Fulda.

(1) Heffter, *Droit international d'Europe*, p. 154.

(2) Pour juger si un fleuve doit être réputé navigable ou non sur telle région de son parcours, le point à établir n'est pas celui de la capacité des bateaux qu'il peut transporter, mais simplement celui du fait de la navigation, de son degré d'activité et de régularité. C'est à peu près dans ces termes que s'exprime un arrêt en conseil rendu à Versailles le 9 novembre 1694 en réponse à plusieurs propriétaires riverains qui entendaient échapper aux péages sur certaines voies considérées par eux comme non navigables.

L'on ne sache pas qu'aucune difficulté sérieuse se soit jamais élevée au sujet de la règle en vertu de laquelle un fleuve n'est soumis à la communauté que depuis le point où il devient navigable.

§ 3.

La plupart des grands cours d'eau, avant d'atteindre la mer, se divisent en deux ou plusieurs embranchements qui décrivent avec la ligne cotière un triangle ou delta.

Ainsi sans parler du Nil, du Gange, du Mississipi et d'autres fleuves non européens, le Danube s'écoule dans l'Euxin par trois émissaires principaux, la Kilia, la Soulina et le Saint-Georges.

De même le Rhin se bifurque en aval d'Emmerich, donne naissance à un troisième courant au-dessus d'Arnheim et gagne la mer par cinq embouchures.

Le Pô a deux grandes issues, le Pô di Maestra et le Pô di Goro.

D'ordinaire ces ramifications inférieures prennent une dénomination particulière et tant il est vrai que les désignations géographiques sont parfois arbitraires, la seule dérivation terminale du bassin rhénan qui ait conservé le nom de la maîtresse branche, n'est qu'un mince filet d'eau qui se détache du Leck à Wyk et va se perdre dans les dunes à Kulwyk.

Il n'est pas indifférent de se demander si tous les embranchements maritimes d'un fleuve international sont nécessairement à la disposition des riverains supérieurs et si par conséquent c'est la loi de la communauté qui en régit l'usage.

Lorsque s'éleva par le fait du gouvernement néerlandais la polémique dont j'ai rendu compte dans les pages précédentes, trois États allemands, la Prusse, la Bavière et la Hesse grand-ducale revendiquèrent le droit absolu d'utiliser *les eaux diverses* qui unissent le Rhin à la mer, et même celles qui mettent le fleuve en communication avec l'Escaut. A leurs yeux, le *condominium* riverain devait comprendre tous les émissaires fluviaux sans aucune exception.

Cependant les négociations de 1815 ne justifiaient point une pareille prétention. Il est vrai que le projet de règlement présenté par le duc de Dalberg dans la conférence du 2 février faisait mention des trois débouchés hollandais, le Waal, le Leck et l'Yssel ; mais dans une séance postérieure le Waal et le Leck seuls furent classés « parmi les points à trancher dans le traité général » et finalement le 14 mars suivant, le plénipotentiaire des Pays-Bas ayant réclamé un plus grand nombre de voix fictives dans la future commission centrale de Mayence en proportion de l'étendue des deux branches attribuées à la communauté, il fut convenu que le Leck seul serait considéré comme la continuation du Rhin « et que le Waal dont le cours se mêle à celui de la Meuse à Saint-André entrerait dans le règlement de cette dernière rivière. »

Néanmoins l'acte du 31 mars 1831 livra les deux voies aux États rhénans, mais sans imposer à la Hollande l'obligation stricte de pourvoir à la navigabilité du Leck. L'on fut sans doute d'avis, comme l'avait fait remarquer le baron de Spaen au congrès de Vienne, qu'il pouvait n'être point équitable de mettre à la charge du riverain inférieur, s'il s'y opposait, un surcroît de frais d'entretien, de surveillance de police et de contrôle douanier.

En principe et sauf convention contraire, il semble juste de réserver à l'usage de tous l'embranchement fluvial qui se prête le mieux à la communication avec la mer, c'est-à-dire, celui qui offre, tant par l'orientation et la régularité de son cours que par les conditions naturelles de son embouchure, les plus grandes facilités à la navigation. Il peut convenir au riverain d'aval de donner à d'autres voies secondaires la même destination; mais on ne saurait l'exiger de lui comme un droit, car ce serait vouloir sans raison majeure qu'un État fît à la communauté plus de sacrifices proportionnels que les autres.

L'observation du régime naturel des voies fluviales contredirait d'ailleurs le plus souvent l'objection qui consisterait à dire que la circulation doit nécessairement être plus gênée sur un courant secondaire que dans la branche principale et qu'à ce point de vue, il y aurait intérêt pour les riverains de l'amont à pouvoir répartir le mouvement de leur navigation entre les différentes ramifications de cette branche. L'on constate en effet que les principaux courants dérivés ne présentent pas, quant à leur section, de différence très sensible avec la maîtresse branche, de même que dans un bras qui en réunit plusieurs, le niveau ne s'élève, ni ne s'étend en proportion de la plus grande masse d'eau que ce bras reçoit (1).

Les embranchements maritimes séparés par les grandes îles alluviales qui composent les deltas, constituent réellement par leur étendue, par leur direction divergente et leur fixité relative des cours d'eau distincts et pour ainsi dire définitifs. Il n'en est pas de même des embranchements supérieurs formés par les îlots et les bancs qui s'élèvent au milieu d'un courant fluvial et en élargissent le profil. Ceux-là n'ont le plus souvent qu'un développement restreint; sans nom particulier, ils se réunissent de nouveau en un seul lit et leur régime est d'autant moins stable qu'ils sont plus nombreux.

Il semble qu'en raison de ces différences essentielles, l'on ne puisse appliquer à ces courtes dé-

(1) Le Waal et le Rhin au-dessous d'Emmerich sont presque égaux l'un à l'autre et le lit de chacun d'eux est presque aussi grand que celui du fleuve avant sa bifurcation. La seconde branche se subdivise elle-même près d'Arnheim et l'Yssel qui en provient n'a pas une section beaucoup moindre que celle du Rhin. La vitesse du courant, il est vrai, diminue. D'autre part le Rhin n'est pas sensiblement plus puissant après avoir reçu les eaux du Mein. L'apport de l'Inn n'augmente pas la largeur et la profondeur du Danube. La Secchia et le Panaro n'élèvent pas le niveau du Pô.

rivations la règle admise pour les avenues maritimes et que toutes doivent nécessairement faire partie de la communauté.

Cette attribution a cependant été contestée dans ses conséquences absolues. En 1842 le gouvernement de Nassau avait réussi à ouvrir un passage aux bateaux à vapeur et à voiles dans un bras du Rhin jusqu'alors innavigable, qui longeait en amont le territoire hessois. Le gouvernement grand-ducal se plaignit et prouva que les ouvrages nassoviens avaient eu pour effet de détériorer, en l'ensablant, la branche latérale dont il possédait les deux rives et, se faisant justice lui-même, il ordonna la construction d'une jetée destinée à barrer le nouveau chenal. A ce propos il soutint que la communauté fluviale disposait simplement des embranchements en état de navigabilité à l'époque de la signature de l'acte qui l'avait constituée, ainsi que de ceux qui étaient devenus postérieurement navigables par suite d'événements naturels.

L'autorité nassovienne combattit cette opinion, en alléguant que la liberté de la navigation rhénane devait s'entendre dans le sens le plus large et que le bénéfice en appartenait aussi bien aux voies naturelles déjà ouvertes qu'aux voies naturelles rendues plus tard accessibles par des travaux d'art.

Cette déduction était juste assurément dans ses termes généraux; mais elle ne pouvait être reconnue comme loi qu'à une condition implicite que le gouvernement des Pays-Bas crut devoir formuler ainsi : il n'est permis à aucun État riverain de faire exécuter des ouvrages de nature à changer le cours de la navigation au préjudice des autres États riverains.

La question de principe soulevée par l'incident hesso-nassovien se trouvait d'ailleurs tranchée par l'acte primordial auquel se rattachait la convention rhénane de 1831, et il est vraisemblable que dans le cours des discussions engagées à ce sujet tant à Mayence qu'à Francfort (car l'affaire fut déférée à la Diète germanique), quelque rapporteur aura développé ce simple argument : le congrès de Vienne de 1815 a pris soin de désigner l'issue maritime qui serait traitée comme prolongation du Rhin; tandis qu'il ne s'est pas seulement abstenu de spécifier les embranchements intérieurs dont les eaux seraient communes; il a implicitement admis par son article 113 que tous les bras navigables du cours supérieur auraient cette destination. Cette clause oblige en effet les gouvernements associés à empêcher que la navigation n'éprouve aucun obstacle; en d'autres termes, elle leur prescrit de faciliter la navigation sur tous les points où elle est effectivement pratiquée, c'est-à-dire aussi bien sur le courant principal que sur les voies secondaires.

L'on n'insiste pas sur les inconvénients réglementaires qui résulteraient du fait qu'un bâtiment dans son trajet fluvial serait alternativement soumis aux lois communes et aux lois particulières d'un État riverain.

Les différentes considérations qui précèdent peuvent se résumer ainsi :

ARTICLE PREMIER

Le parcours conventionnel d'un fleuve international s'étend de la localité ou de la frontière riveraine à partir de laquelle la navigation s'exerce régulièrement *jusque dans la mer.*

ARTICLE 2.

Lorsqu'un fleuve international, avant d'atteindre la mer, se divise en deux ou plusieurs embranchements, son régime conventionnel s'applique à l'embranchement qui offre, tant par l'orientation et la régularité de son cours, que par les conditions naturelles de son embouchure, les plus grandes facilités à la navigation.

Il dépend de l'État riverain inférieur de soumettre d'autres embranchements aux lois conventionnelles de la communauté fluviale.

Celle-ci dispose de tous les embranchements supérieurs en état de navigabilité.

II

DÉMARCATION DES FRONTIÈRES

ENTRE ÉTATS RIVERAINS

Une seconde question préliminaire se lie intimement à celle qui vient d'être sommairement discutée; elle concerne le partage des eaux entre riverains opposés.

Un fleuve qui sépare deux États offre sans doute comme frontière de précieux avantages, car tout en isolant les territoires contigus, il constitue par lui-même une protection naturelle qui supplée plus ou moins aux ouvrages défensifs des frontières convenues.

Cependant une voie d'eau mitoyenne donne fréquemment lieu à des différends, parce que la ligne de démarcation qui en divise le cours n'est pas apparente et peut incessamment changer, tandis qu'un tracé terrestre est toujours visible et fixe.

Il a été longtemps reconnu qu'à défaut de stipulations contraires, c'est le milieu du fleuve qui indique la limite des possessions respectives (1).

Cette règle, empruntée à la législation romaine, tend à mettre en pratique ce principe d'équité que les bénéfices d'un courant commun doivent être répartis d'une manière égale entre les riverains. Il s'en faut qu'elle remplisse toujours ce but et assure aux intéressés une garantie absolue de leur droits. Comment en effet déterminer le milieu d'une masse liquide dont la largeur dépend de son niveau, c'est-à-dire, d'une condition essentiellement variable, surtout quand cette masse s'écoule entre des berges basses ou inclinées? Il arrive qu'une île est tantôt dans la moitié de droite et tantôt dans celle de gauche, et par la même raison, le chenal lui-même peut être alternativement situé, eu égard au profil transversal du fleuve, dans le domaine propre de chaque riverain.

Cette objection fut soumise au congrès de Rastadt, alors qu'il s'agissait de définir les frontières de la France du côté de l'empire germanique. Les populations rhénanes s'étaient émues des propositions de la république, surtout en tant qu'elles avaient pour objet le Rhin supérieur, c'est-à-dire la région du fleuve la plus abandonnée et par conséquent la moins stable dans son régime. De diverses parts, l'on fit appel à l'esprit de conciliation des plénipotentiaires français, qui (on ne manqua pas de le

(1) Grotius, Vattel, de Martens, Günther, Schmelzing, Klüber, Heffter, Bluntschli, etc., etc.

leur rappeler) avaient écrit dans leurs notes des 7 mars et 8 avril 1798, « qu'ils n'écarteraient rien de ce qui serait juste et concordant avec l'intérêt des deux nations ». Ce fut dans ces circonstances que se dégagea une nouvelle formule, celle dite du *thalweg*, suivant laquelle la limite respective est placée au milieu du chenal ou du grand courant qui dénote d'ordinaire l'endroit le plus profond (1)

Ce second mode de partage, sans être parfait, paraît plus rationnel, parce qu'en général la ligne médiane du thalweg est plus stable que la ligne médiane du fleuve, et qu'en suivant le vrai canal, c'est-à-dire la partie la plus navigable, elle semble mieux répondre à l'idée fondamentale que chaque riverain a un endroit égal à l'usage utile du fleuve commun (2). Le plus souvent le thalweg coïncide avec le milieu du cours d'eau; c'est surtout le cas dans les régions où la voie se trouve naturellement encaissée ou artificiellement régularisée. Cet état normal tend à se généraliser par suite des progrès de l'hydrotechnique et de l'importance que l'on

(1) Le thalweg est la partie la plus basse du lit sur laquelle le courant se meut avec la plus grande vitesse. Wheaton confond par erreur le milieu du fleuve avec le thalweg. (*Eléments*, t. I, p. 180.) Heffter au contraire les distingue. (*Droit inter. europ.*, p. 136.)

(2) Les inconvénients inévitables de l'un et de l'autre mode de démarcation, ont suggéré l'idée d'un système mixte qui consisterait à traiter le lit fluvial comme domaine commun et à reporter sur les deux rives les frontières des États respectifs. (Eichhoff, mémoire de l'an X sur les départements du Rhin.)

attache de nos jours aux travaux d'amélioration des grands courants internationaux.

Il va sans dire qu'en pratique on ne détermine point la direction du chenal avec une précision mathématique, c'est-à-dire que l'on n'a pas recours à un mesurage minutieux propre à marquer toutes les déviations du lit fluvial dans ses plus grandes profondeurs. L'on se contente d'ordinaire d'observer *la course* des bateaux de plus fort tonnage, et on l'indique au moyen de signaux fixes ou de bouées. Ces jalons permettent de tracer graphiquement la ligne médiane avec une suffisante exactitude.

Le principe d'égalité d'après lequel s'établit la démarcation des frontières liquides, trouve une application précise quand une île se forme dans le cours d'un fleuve limitrophe; elle appartient au territoire contigu. Si elle surgit dans la région mitoyenne, elle est l'objet d'une division proportionnelle.

Cette répartition ne saurait avoir lieu, quand le fleuve, quittant son lit normal, se crée une nouvelle issue en faisant irruption à travers le territoire de l'un des riverains; car il s'agirait pour l'État envahi de renoncer à une partie du domaine sur lequel s'étend incontestablement sa souveraineté. Dans ce cas, l'on admet que l'ancien lit continue à servir de limite commune.

Ces développements suffisent sans doute pour motiver les trois dispositions suivantes :

ARTICLE PREMIER.

A moins de conventions contraires, l'on observera dans la démarcation des frontières fluviales la limite indiquée par le *Thalweg*, c'est-à-dire, par le milieu du chenal.

ARTICLE 2.

Les îles qui se forment dans un cours d'eau commun appartiennent au territoire contigu.

Celles qui surgissent dans la région mitoyenne sont partagées proportionnellement entre les États riverains.

ARTICLE 3.

Dans le cas où un fleuve se crée une nouvelle issue à travers le territoire de l'un des États riverains, l'ancien lit sert, comme par le passé, de ligne de démarcation.

LIBERTÉ DE NAVIGATION

SUR LES FLEUVES INTERNATIONAUX

---

§ 1.

Il est généralement admis que le congrès de Vienne a proclamé le principe de l'affranchissement complet des fleuves communs à plusieurs États, et que l'application fidèle des maximes qui, suivant le témoignage de la plupart des historiens, lui ont fait le plus d'honneur, doit nécessairement livrer ces voies à la concurrence universelle.

Telle paraît être notamment l'opinion du savant auteur du *Droit international codifié* (1), qui trace dans son article 314 cette règle absolue : « Les fleuves et les rivières navigables qui sont en communication avec une mer libre, sont ouverts en

(1) *Le Droit international codifié* par M. Bluntschli, 1869. Voir également *Éléments du droit international* de Wheaton, t. I, p. 182, l'introduction au recueil d'Angeberg sur le traité de Vienne, par Capefigue. Le *Droit intern. europ.*, de Heffter, p. 155, 156, etc., etc.

temps de paix aux navires de toutes les nations. Le droit de libre navigation ne peut être ni abrogé ni restreint au détriment de certaines nations. »

Quoique M. Bluntschli se soit imposé la tâche de résumer en lois « l'ensemble des *faits* et des *principes reconnus* qui réunissent les divers États en associations juridiques et humanitaires (1) » et malgré le soin qu'il prend de noter sous forme de commentaire que la *reconnaissance* des règles admises entre les États est essentielle et qu'il n'y a de droit que lorsque la conscience de ce droit a été assez puissante pour le faire mettre en pratique (2), il n'est pas vraisemblable que le jurisconsulte allemand ait entendu représenter cette liberté fluviale avec l'extension qu'il lui donne, comme une acquisition définitive du droit des gens.

En effet, la liberté fluviale absolue, celle qui basée sur l'égalité de tous les pavillons, comprendrait tous les cours d'eau tributaires directs de la mer, n'est pas généralement *reconnue* et *pratiquée*, et ce progrès est encore si contesté qu'il n'a même pas prévalu jusqu'à présent sur toutes les artères navigables partagées entre plusieurs souverainetés.

Cependant, et cette remarque tend à justifier l'assertion émise au début de cette étude, M. Bluntschli a cru pouvoir invoquer l'article 109 du traité de Vienne à l'appui de son article 314, comme si rien n'autorisait à douter de la véritable portée de

(1) Art. 1.
(2) Commentaire ad art. 1.

cette loi européenne, comme s'il était constant et parfaitement certain que les signataires de ce traité, en réglementant les fleuves internationaux, avaient réellement et formellement résolu de les rendre accessibles aux navires de tous les pays (1).

Ce point de fait n'est pas aussi évident qu'on se le persuade, et, ainsi que j'ai eu occasion de m'en expliquer dans la partie historique de cet essai, ce n'est pas sans quelques réserves que l'on peut attribuer à la haute assemblée de 1815 un aussi généreux dessein.

Il est rare de rencontrer dans les annales diplomatiques une disposition plus volontairement ambiguë que celle dont le baron de Humboldt a fait adopter la rédaction par la commission chargée de développer l'article 5 du traité du 30 mai 1814. « La navigation, est-il dit dans l'article 109 du traité de Vienne, *sera entièrement libre* et ne pourra sous le rapport du commerce, *être interdite à personne* (2). »

En examinant cet énoncé en lui-même et indépendamment du commentaire officiel qui l'accompagne, il semble de prime abord que l'on ne puisse

(1) M. Bluntschli dit ad art. 314, p. 190. « On accorde le droit de naviguer (sur les fleuves communs) aux navires de toutes les nations et non pas seulement à ceux des nations riveraines. »

(2) Dans la citation qu'il fait de l'article 109, M. Bluntschli néglige la mention essentielle, « et ne pourra sous le rapport du commerce, etc., etc. »

On constate cette omission dans les analyses de plusieurs autres auteurs.

y découvrir d'autre sens que celui-ci : tout bâtiment de commerce, quel que soit son pavillon, aura le droit de naviguer sur les fleuves internationaux. Et si l'on s'arrête particulièrement aux mots « sous le rapport du commerce », on se les explique ainsi : les fleuves internationaux sont ou peuvent être fermés aux bâtiments qui n'ont pas pour objet exclusif les transports commerciaux (1).

Or telle n'était point, aux yeux de son auteur, la signification exacte de la clause que répètent invariablement depuis plus d'un demi-siècle les règlements applicables aux grands cours d'eau des deux continents. L'expression « sous le rapport du commerce » visait à l'exclusion des pavillons étrangers, et à ce titre elle équivalait à la négation du principe itérativement formulé dans la phrase précédente d'après laquelle la navigation fluviale devait être non seulement libre, mais encore entièrement libre. Les procès-verbaux des séances des 8 février et 3 mars 1815, dont j'ai précédemment transcrit des extraits en citant l'amendement rectificatif de lord Clancarty, dévoilent partiellement cette restriction mentale ainsi que l'embarras du diplomate dirigeant mis en suspicion par son collègue britannique. Plus tard l'on éprouva moins de scrupules à avouer le but véritable du changement apporté dans le texte primitif du plénipotentiaire français.

1. Voir à ce sujet la convention du Pruth du 25-8 décembre 1866.

Le 18 juin 1819, l'Autriche présenta à la conférence de Dresde la déclaration suivante : « La pensée des hautes parties contractantes à Vienne paraît avoir été de reconnaître *aux seuls sujets riverains* le droit à la libre navigation et non d'étendre aux non riverains cet avantage pour lequel il n'y aurait pas de réciprocité. » La même opinion fut exprimée en ces termes par le gouvernement prussien dans une dépêche adressée en 1857 à son délégué près la commission européenne du Danube : « D'après les négociations du congrès de Vienne sur l'article 109, il n'est pas douteux qu'il n'a pas été dans l'intention de cet acte d'accorder aux non riverains un droit de navigation sur les fleuves conventionnels (1). »

D'ailleurs la pratique est venue confirmer cette interprétation sur les fleuves qui traversent le territoire prussien, c'est-à-dire sur l'Elbe, sur le Weser, sur l'Ems et sur le Rhin (2), comme sur les cours d'eau austro-russes, tels que la Vistule, le Dnieper et le Pruth (3). La législation rhénane de

(1) « Nach den Verhandlungen der Wiener Congres Akte, über art. 109, ist es nicht zweifelhaft dass es nicht in der Absicht jener Akte gelegen hat den Nicht-Uferstaaten ein Recht zur Schiffahrt auf den conventionnellen Flüssen beizulegen. » (Dépêche du baron de Manteuffel du 26 août 1857.)

(2) Art. 4 de l'acte de l'Elbe de 1821. Art. 42 et 3 de l'acte du Rhin de 1831. Art. 6 de l'acte de l'Ems de 1843. Art. 1 de l'acte du Weser de 1823 comparé à l'acte de l'Elbe dont il reproduit textuellement plusieurs dispositions.

(3) Convention de Saint-Pétersbourg du $\frac{5}{17}$ août 1818.

Le Douro, d'après la convention du 23 mai 1840, était abso-

1831 était si formelle en ce point et telle était la rigueur du gouvernement qui s'en considérait comme le gardien, qu'il y a de longues années, une maison de commerce de Poméranie ne put noliser un bâtiment pour l'intercourse directe de Stettin à Cologne, quoique ces deux ports appartinssent à la Prusse riveraine et que l'armateur, le capitaine et les gens d'équipage fussent sujets prussiens (1). A Berlin l'on se précautionnait avec une méfiance si jalouse contre l'intervention étrangère, que l'on entendait la paralyser dans son action indirecte la plus légitime et la moins apparente, en exerçant une sorte d'inquisition sur la nationalité des capitaux engagés dans la navigation rhénane. C'est ainsi que le 12 septembre 1843 le commissaire de Prusse à Mayence remit à ses collègues un projet d'article séparé secret, d'après lequel les actionnaires étrangers des compagnies de bateaux à vapeur « n'auraient pu voter dans les assemblées et délibérations de ces compagnies » et ce droit n'aurait appartenu qu'aux actionnaires des États riverains du Rhin et à ceux des États allemands. Cette étrange motion ne fut point accueillie par la commission centrale (2).

lument fermé aux étrangers et les États riverains ne s'étaient pas même reconnu le droit au cabotage réciproque. Malgré cette double restriction, les commissaires portugais et espagnols déclarèrent dans le préambule de ladite convention qu'ils s'étaient réunis pour régler la *libre navigation du Douro*.

(1) Débats de la chambre des communes en 1830.

(2) Protocole XVIII de 1843.

Néanmoins, ainsi que je le faisais observer à l'instant, l'article 109 paraît à première vue inoffensif; bien plus, sa lecture pour un esprit non prévenu éveille d'autant moins le soupçon ou le doute, que le principe de liberté y apparaît sous la forme d'un *double* pléonasme et ce n'est qu'à l'aide du protocole qui s'y rapporte et de plusieurs règlements particuliers auxquels il a servi de base, que l'on en tire une conséquence contraire à l'égalité entre riverains et non riverains.

L'on dirait, en parcourant les actes du traité européen du 30 mars 1856 qu'à l'intervalle de près d'un demi-siècle, les puissances signataires du traité de 1815 se soient préoccupées de mettre un terme aux divergences nées de cette équivoque. Dans son article 15, déjà cité, le congrès de Paris déclare en effet vouloir étendre au Danube les principes posés par le congrès de Vienne et il stipule en conséquence que... « sauf les règlements de police et de quarantaine à établir pour la sûreté des États séparés ou traversés par le fleuve, *il ne sera apporté aucun obstacle quel qu'il soit à la libre navigation.* » Et comme pour mieux préciser son but quant au régime réservé à la navigation étrangère, il ajoute dans son article 16 « que sous le rapport des droits à prélever aux embouchures, *comme sous tous les autres, les pavillons de toutes les nations seront traités sur le pied d'une parfaite égalité.* »

La connexité qui existe dans ces textes entre la

mention des maximes fluviales de 1815 et celle de l'entière liberté de navigation convenue pour le Danube, semble justifier dans l'espèce cet aphorisme de Vattel : « Si celui qui s'est exprimé d'une manière obscure, a parlé ailleurs plus clairement sur le même sujet, il est le meilleur interprète de lui-même. »

Cependant ce raisonnement ne pourrait être opposé à toutes les puissances signataires du traité de 1856, si l'on en juge par les négociations postérieures auxquelles l'exécution de ce traité a donné lieu. Comme la plus intéressée dans la question, l'Autriche a été la première à édifier ses co-contractants sur sa doctrine en matière de navigation intérieure. Elle a cru sans doute devoir se départir de l'esprit d'exclusivisme qu'elle avait apporté quarante ans plus tôt dans les conférences de l'Elbe; mais tout en ne repoussant pas le concours des pavillons étrangers (j'indiquerai ailleurs dans quelles limites), elle n'en a pas moins prétendu laisser entre les mains des seuls sujets riverains le trafic fluvial proprement dit.

Or en s'expliquant en 1858 sur cette importante réserve, le cabinet de Vienne n'a pas hésité à la défendre en invoquant précisément le texte rédigé par M. de Humboldt en 1815 et l'explication donnée à cette époque aux mots « sous le rapport du commerce (1). »

(1) Conférence de Paris du 16 août 1868.

Ainsi, aux yeux de l'Autriche, le second traité de Paris ne pouvait être considéré comme une interprétation nouvelle du traité de 1815.

La Prusse, on le conçoit, n'eut garde de se démentir en soutenant un avis contraire; mais envisageant la thèse sous un autre aspect, elle arriva à condamner le système que le gouvernement impérial entendait introduire sur le courant danubien. Pour elle, le traité de 1815, consulté sur le point en discussion, avait réellement le sens limitatif que lui ont reconnu les riverains de l'Elbe, du Weser et du Rhin. Mais le congrès de 1856 avait innové dans le cas spécial soumis à ses délibérations; il avait positivement élargi pour le Danube, mais pour ce fleuve seulement, les principes de 1815 (1).

L'argumentation de la France se réduisit à cette simple observation : « Si des doutes pouvaient exister sur l'esprit et sur la portée des maximes du congrès de Vienne, ils seraient dissipés par la disposition primitive et fondamentale du traité de 1814 », qui porte en substance que sur le Rhin et éventuellement sur les autres fleuves internationaux « la navigation sera libre, de telle sorte qu'elle ne puisse être interdite à personne. »

Quant à l'Angleterre, elle exposa nettement sa pensée sur la valeur de l'article 109 du traité de 1815 en déclarant que, selon elle, l'expression

(1) Mémoire du gouvernement prussien inséré dans les archives commerciales de Prusse du 19 mars 1858.

« sous le rapport du commerce » était équivalente de celle « tant pour le transport des marchandises que pour celui des voyageurs ». Le Foreign Office revenait ainsi sous une autre forme à l'amendement proposé en 1815 par lord Clancarty.

En définitive la convention danubienne du 7 novembre 1857, qui avait provoqué cet échange de vues entre les gouvernements représentés au congrès de 1856, n'obtint pas la sanction de la conférence européenne réunie à Paris en 1858, et, particularité digne de remarque, sur les quatre États de premier ordre dont les délégués composaient la commission de 1815, il s'en trouva deux, l'Angleterre et la France qui jugèrent que cette convention était aussi peu conforme aux prescriptions du traité de Paris de 1856 qu'à celles du traité de Vienne de 1815 (1).

Quoi qu'il en soit de cette controverse officielle sur la valeur de l'une des principales maximes fluviales édictées par les grandes puissances au commencement de ce siècle, l'on ne saurait méconnaître l'importance et la signification du fait qu'à un intervalle de quarante ans, les mêmes grandes puissances se proposant de soumettre le Danube au régime des fleuves dits « conventionnels », ont formellement stipulé que sur ce fleuve les pavillons de toutes les nations seraient traités sur le pied d'une parfaite égalité.

(1) Protocole XVIII du 16 août 1858.

§ 2.

Au point de vue diplomatique, la thèse qui conclut à la mise en interdit des pavillons étrangers, ne repose que sur le seul argument tiré, non de l'instrument principal de 1815, mais du simple procès-verbal de l'une des nombreuses commissions qui en ont séparément élaboré le texte.

A cette déduction pour ainsi dire stéréotypée et qui, on le verra dans la suite de cette discussion, n'a même pas le mérite de l'exactitude, l'on peut légitimement opposer, d'une part le traité de Paris de 1814 dont les plénipotentiaires accrédités à Vienne avaient pour mandat d'appliquer l'article 5 et qui ne fait aucune différence entre les riverains et les non-riverains, et d'autre part le traité de Paris de 1856 qui établit entre eux une complète assimilation, tout en se référant au traité de 1815.

Quant aux règlements particuliers qui ont plus ou moins formellement ménagé les transports fluviaux aux sujets des États limitrophes, il est difficile de soutenir qu'ils soient l'expression fidèle du droit public en cette matière (1). L'on ne saurait leur attribuer l'autorité des stipulations européennes auxquelles ils se rattachent. D'un autre côté, ils sont en contradiction avec d'autres transactions analogues qui, basées également sur le traité de

(1) Déclaration de lord Cowley dans la XVIIIe conférence de Paris de 1858.

1815, ont appliqué le principe d'une égalité universelle. L'on peut citer parmi ces dernières, les conventions déjà anciennes sur l'Escaut et sur le Pô, l'Acte Public du bas Danube de 1865 et l'acte particulier du Pruth de 1866.

D'ailleurs quelques-uns des règlements les plus rétrogrades ont été combattus dans la clause que je discute ici par plusieurs États qui les ont signés, tels que Hambourg, le Hanovre, le Mecklembourg comme riverains de l'Elbe, la Bavière, le Wurtemberg, la Serbie, la Moldavie, la Valachie comme co-participants à la convention de Vienne du 7 novembre 1857. L'on pourrait même démontrer qu'avant 1831, au sein de la commission centrale du Rhin, il fut un temps où le principe de l'affranchissement complet de la navigation était professé par plusieurs commissaires qu'un écrivain de l'époque se plaisait à qualifier de diplomates, c'est-à-dire, d'idéalistes et par suite de négociateurs incompétents (1).

Au point de vue du droit strict, les adversaires de la liberté fluviale se retranchent généralement dans cette sorte de dilemme interrogatif : un cours d'eau qui traverse ou sépare plusieurs États, est-il moins la propriété de ces États, dépend-il moins « de leur domaine éminent » qu'une rivière qui de sa source à son embouchure reste dans les limites d'une seule et même souveraineté et dont le

(1) Neue Organisation der Schiffahrts und Handels Verhältnisse auf dem Rheinstrome, p. 23, 27, note. Basel, 1822.

gouvernement territorial réserve l'usage à ses sujets? Les droits des riverains ne sont-ils pas égaux dans les deux cas?

M. Bluntschli pose cette double question en sens inverse pour justifier la liberté fluviale absolue. Il dit: « Pourquoi un État aurait-il sur un fleuve qui ne sort pas de ses frontières, plus de droits que les différents États riverains n'en ont sur le fleuve commun »? Et il ajoute: « la libre navigation n'a pas pour base le fait que les rives du fleuve sont possédées par des États différents (1). »

L'assimilation que l'on établit ainsi, sous deux aspects différents entre les courants internationaux et ceux qui ne le sont pas, peut n'être point admise sans conteste. L'État possesseur d'un fleuve sur toute son étendue ne prive aucun riverain des bénéfices de ce fleuve en le traitant comme une route nationale. Tandis qu'une puissance *co-riveraine* ne peut disposer d'une manière exclusive de sa section fluviale sans priver d'autres riverains de leur issue naturelle. Elle subit par la force des choses une sorte de servitude dont il ne lui est pas permis de s'affranchir (2) et que le droit des gens explique à peu près ainsi: « De même que les hommes entre eux, les nations, à moins qu'elles ne prétendent vivre dans un isolement complet, doivent se respecter mutuellement comme membres de l'association humaine et parmi les

(1) Droit international codifié p. 190. Commentaire ad art. 314.
(2) Grotius, Puffendorf, Vattel.

devoirs qui correspondent *au droit de respect mutuel des États*, figure en première ligne le respect de l'individualité physique et notamment la reconnaissance du droit d'un État à l'usage des débouchés naturels plus ou moins indispensables à sa subsistance, c'est-à-dire, au passage innocent (1).»

L'État co-possesseur d'un cours navigable est ainsi tenu de laisser circuler les bâtiments de ses voisins dans ses propres limites, sur une route *nationale* et il doit organiser en conséquence son service douanier et sa police intérieure. Cette situation particulière, inévitable, se prête d'elle-même à l'introduction des pavillons extra-fluviaux, c'est-à-dire, à l'extension du principe déjà reconnu de la concurrence étrangère. Cette dernière concession se lie de la sorte à une obligation qui résulte de la disposition des lieux et dont le droit public exempte encore l'État qui n'a point de co-riverains (2);

Mais s'il est vrai qu'il n'y ait point parité complète entre les deux cas que l'on rapproche, il est permis du moins d'affirmer que cette parité existe en tant que l'on met en regard de l'État qui domine sans partage sur le cours d'une rivière, l'ensemble des États limitrophes d'une voie commune et l'on serait dès lors autorisé à demander à quel titre

(1) Heffter, *Droit intern. europ.*, p. 53.

(2) Phillimore, *Commentaries upon international Law.*,.t. I, p. 167.

les étrangers s'imposeraient plutôt aux uns qu'à l'autre. C'est en ces termes, je crois, que l'objection du particularisme peut être articulée.

L'on a déjà pressenti la réponse qu'elle suggère.

Le droit des gens est l'expression des convictions générales et il change à mesure que l'esprit humain se développe. *Ut mores gentium mutantur et mutatur jus gentium.* Sa marche est lente et continue. Dans l'ordre des intérêts qui se rattachent à l'usage des eaux publiques, l'on a tout d'abord reconnu la liberté des mers, principe essentiel et d'une immense portée dans les relations des peuples entre eux. A la longue, cette conquête a dû ouvrir la voie à celle des courants intérieurs se déversant dans les grands bassins maritimes, et l'on songea avant tous autres aux fleuves traversant des territoires différents, parce qu'il semblait contre nature qu'un État pût être mis par un autre dans l'impossibilité de communiquer avec la mer par une route dont il avait la co-propriété. Ainsi fut soulevée vers la fin du dernier siècle la question de la liberté des fleuves internationaux.

Cette liberté fut d'abord restreinte aux seuls riverains et plusieurs cours d'eau en étaient déjà dotés, lorsqu'en 1814, pénétrées du sentiment public et voulant « répondre à l'attente des contemporains » (1), les grandes puissances étendirent ce bienfait à tous les fleuves communs, en appelant

(1) Circulaire des signataires de la paix de Paris en date du 8 octobre 1814.

tous les sujets des États chrétiens du continent à en profiter.

Tel est le progrès, fondé sur le *consensus gentium* que le congrès de Vienne de 1815 a été appelé à inscrire dans le code des nations et que, quarante ans plus tard, le congrès de Paris a solennellement confirmé, tout en y associant l'État musulman, le seul qui jusqu'alors eût été tenu en dehors du concert européen.

Le droit des gens ne s'arrêtera pas dans cette voie de perfectionnement en quelque sorte méthodique; il disposera un jour des courants *nationaux*, car si les libertés fluviales, telles qu'on les pratique aujourd'hui, sont essentiellement conventionnelles, il n'en est pas moins évident, comme le représentaient les États-Unis à l'Angleterre en 1827, qu'au fond elles proviennent du fait qu'un fleuve s'unit à la mer ouverte à tous et que le monopoliser, en accaparer l'exploitation, serait le détourner de sa destination normale. A ce point de vue, les fleuves ne diffèrent pas entre eux, qu'ils appartiennent à un ou à plusieurs États; tous, ils ont le même caractère et offrent au trafic universel la même utilité.

Il est assurément très logique de se prévaloir, comme l'a fait M. Bluntschli, de cette similitude relative pour réclamer l'affranchissement de toutes les voies d'eau tributaires directes d'un grand bassin maritime; mais la raison repousse l'argument qui conduit à contester la légitimité ou à diminuer la portée d'un certain progrès social, parce qu'il en sollicite un autre que le droit des gens n'a pas encore accompli.

§ 3.

Le protocole qui commente l'article 109 du traité de 1815 n'est pas aussi réactionnaire que les premières conventions de l'Elbe, du Weser, de l'Ems et du Rhin dont il a été la principale excuse. Ce document, devenu pour ainsi dire sacramentel, n'autorise point les riverains à garder le monopole de la navigation fluviale; il dénie simplement aux étrangers un droit de navigation *égal* à celui des États limitrophes et il implique ainsi le concours partiel des premiers.

Cette distinction qui a été méconnue sur plusieurs fleuves conventionnels,a sans doute suggéré l'idée du système qui établit une différence entre la grande navigation et la navigation intérieure, combinaison mixte qui fut proposée pour la première fois par le Hanovre, lors des négociations de 1844 relatives à l'Elbe (1), et que la convention sur le Danube signée à Vienne le 7 novembre 1857 définit ainsi dans ses articles 5, 6, 8, 11 et 16 :

« L'exercice de la navigation de la pleine mer vers chacun des ports du fleuve et de chacun de ces ports vers la pleine mer sera libre pour les bâtiments de toutes les nations. »

(1) Art. 2 de l'acte additionnel de l'Elbe de 1844.

« En conséquence lesdits bâtiments pourront toucher à tous les ports qu'ils rencontreront dans le cours de tels voyages, débarquer en partie ou en totalité les marchandises et les voyageurs qu'ils transporteront de la mer et prendre des marchandises et des voyageurs en destination de la mer. »

« Il leur suffira, pour toute légitimation, de leurs papiers de bord et ils seront traités à tous égards sur le pied de la plus parfaite égalité. »

« L'exercice de la navigation fluviale proprement dite entre les ports du fleuve, sans entrer en pleine mer, sera réservé aux sujets riverains qui jouiront aussi entre eux d'une complète égalité et pourront par conséquent transporter des marchandises et des voyageurs entre tous les ports des pays riverains sans aucune exception. »

« Ils devront être munis d'une patente de batelier et le bon état de leurs bateaux sera préalablement vérifié par des experts. »

« Les bateaux fluviaux seront la propriété d'un indigène ou d'une compagnie assujettie aux lois de l'une ou de l'autre des puissances territoriales. »

Ainsi les bâtiments étrangers ne pourraient fréquenter le Danube qu'autant que le voyage fluvial serait pour eux le complément de leur traversée maritime, et dans le cours de leur navigation intérieure ils n'auraient la ressource ni du grand, ni du petit cabotage, c'est-à-dire, celle des transports soit entre États riverains, soit à plus forte raison entre les diverses échelles d'un seul et même État.

Je constate tout d'abord que le traité de Vienne de 1815 est absolument muet sur le cabotage et que l'on chercherait vainement une justification spéciale des dispositions qui précèdent. En second lieu, il est de fait que ce genre particulier d'opérations n'est interdit aux étrangers sur *le parcours inférieur* d'aucun fleuve conventionnel. Tel est notamment le régime qui prévaut sur l'Elbe entre Hambourg et Kuxhafen, sur le Weser entre Brême et Bremerhafen et sur le Rhin hollandais.

Sous ce rapport, et je m'empresse de dire sous ce rapport seulement, la convention danubienne de 1857 serait plus rigoureuse que les actes analogues les moins tolérants.

D'autre part, la liberté du commerce, d'escale et de cabotage sur les côtes maritimes tend à devenir le droit commun des États composant la communauté européenne et l'on peut jusqu'à un certain point comparer les eaux fluviales au domaine qui s'étend en mer jusqu'à la limite *ubi finitur armorum vis*, parages ouverts à tous et dans lesquels le riverain exerce la police et réglemente la navigation.

A ces différents titres, les clauses précitées paraissent d'autant moins soutenables qu'elles portent atteinte à l'égalité absolue prescrite par le traité de Paris de 1856, et que dans leur application au bas Danube elles auraient pour effet de frustrer les marines étrangères d'avantages dont elles jouissent *ab antiquo*.

Je répète d'ailleurs ici qu'au sein de la commission viennoise de 1857, les délégués de Bavière et du Wurtemberg, et les commissaires des principautés vassales de la Porte se sont tout d'abord prononcés pour la liberté du cabotage fluvial autant qu'elle serait restreinte aux pavillons maritimes (1).

Il y a une dernière raison qui devrait donner à réfléchir aux promoteurs du système en question : c'est la difficulté pratique du contrôle des opérations d'un bâtiment de mer dans son trajet fluvial ; ce sont les entraves, voire même les conflits inséparables d'un pareil contrôle dans chacun des ports où il est loisible à ce bâtiment d'aborder.

En supposant même que les États riverains consentissent à partager le cabotage intérieur avec les navires venant de la pleine mer ou s'y dirigeant, cette concession ne représenterait en elle-même qu'un mince bénéfice, attendu que pour ces navires les fleuves ne sont ordinairement praticables que sur un parcours restreint et qu'en réalité leurs sections moyenne et supérieure resteraient fermées à la concurrence générale.

Il paraît difficile de soutenir qu'une telle distribution du trafic intérieur soit le vrai corollaire de l'article 5 du traité de 1814.

(1) Les protocoles de la commission riveraine de Vienne ne jettent qu'une faible lumière sur ce point intéressant ; mais il n'en est pas moins certain.

§ 4

La convention revisée du Rhin signée à Mannheim en 1868 offre une autre variante du régime adopté à l'égard de la navigation étrangère.

A première vue, et M. Bluntschli a partagé cette illusion, cet acte nouveau, œuvre de la Prusse, paraît être la consécration définitive de la liberté fluviale, telle qu'on la conçoit aujourd'hui, conquête d'autant plus précieuse qu'elle a pour théâtre un domaine défendu jusqu'alors avec jalousie par ses possesseurs. En y regardant de près, l'on ne tarde pas à se convaincre que la tradition léguée par M. de Humboldt n'a point été entièrement perdue sur les bords de la Sprée, et que sans vouloir la faire revivre dans toute son intégrité, l'on cherche à l'accommoder selon l'occurrence aux idées du temps. Elle se montre dès le préambule de l'acte sous cette mention significative, que les puissances riveraines entendent maintenir le principe de la liberté de navigation « *sous le rapport du commerce* ».

Cependant l'article 1er semble donner un démenti aux interprétations pessimistes que provoque naturellement cette épigraphe. Il porte : « La navigation du Rhin et de ses embouchures depuis Bâle jusqu'à la pleine mer, soit en descendant, soit en remontant, sera libre aux navires de toutes les nations pour le transport des marchandises et des personnes à *condition de se conformer aux stipulations contenues dans la présente convention* et aux mesures prescrites pour le maintien de la sécurité générale. »

« Sauf ces règlements, il ne sera apporté aucun obstacle, quel qu'il soit, à la libre navigation » (1).

Or, en parcourant «les stipulations » qui suivent, l'on ne peut se défendre de l'impression que les riverains n'ont songé qu'à eux-mêmes et l'on se demande comment et jusqu'à quel point les étrangers peuvent trouver place dans leur communauté. Les doutes que l'on éprouve à cet égard sont si sérieux, qu'ils ont surgi dans la commission rhénane elle-même, peu avant l'adoption du projet prussien, et qu'une déclaration protocollaire a eu pour but, sinon pour effet, de les dissiper.

D'après l'article 15 de la convention, le droit de conduire un bateau à voiles ou à vapeur sur le Rhin n'est accordé qu'à ceux qui prouvent qu'ils ont pratiqué la navigation sur le fleuve pendant un temps déterminé et qu'ils ont reçu du gouvernement de l'État où ils ont pris domicile, une patente les autorisant à l'exercice indépendant de la profession de batelier.

Par l'article 22, avant qu'un bateau entreprenne son premier voyage, le propriétaire ou conducteur doit se pourvoir d'un certificat constatant le bon état de navigabilité de ce bateau et ce certificat doit

(1) En citant cet article, M. Bluntschli omet la phrase importante : « à condition de se conformer, etc., etc. »

être renouvelé après chaque réparation ou chaque changement important.

Ainsi, pour qu'un steamer anglais puisse remonter le Rhin jusqu'à Cologne ou plus haut, en supposant que son tirant d'eau le permette, il devrait passer sous la direction d'un capitaine qui a navigué sur le Rhin pendant trois ans au moins (1), qui est dûment patenté et effectivement domicilié dans l'un des États riverains. Ce bâtiment aurait en outre à subir une expertise qui nécessiterait de longues et minutieuses démarches (2).

Ces formalités qui ne sont point exigées sur le Danube (3), interdisent de fait aux bâtiments de mer la navigation fluviale proprement dite.

Non moins précaire est la situation d'ailleurs peu définie des bateaux fluviaux étrangers. Il va sans dire qu'ils doivent être soumis aux mêmes obligations que les bateaux riverains et, quoique le cas ne soit pas prévu, l'on admet naturellement qu'il n'est pas loisible à l'autorité territoriale de refuser la patente au capitaine ou conducteur qui remplit les conditions prescrites par le règlement.

Mais d'importantes réserves sont faites en ce qui concerne le traitement de cette catégorie de bâtiments, réserves qui d'ailleurs s'appliquent également aux bâtiments de mer. « Il est entendu, ains

(1) Ordonnance badoise communiquée à la Commission rhénane en 1868.

(2) Même ordonnance badoise de 1868.

(3) Art. 6 de la convention de 1857.

que l'énonce le protocole de clôture ad art. 4, que le droit d'exercer la navigation sur le Rhin et à ses embouchures ne s'étend pas aux privilèges qui ne sont accordés qu'aux bateaux appartenant à la navigation du Rhin, » c'est-à-dire, d'après l'article 2, aux bateaux autorisés à porter le pavillon d'un État riverain.

Il s'en suivrait qu'un bâtiment étranger admis sur le Rhin ne jouirait pas des facilités, dégrèvements ou exemptions qui, en vertu de l'article 4, assimilent dans chaque État les bateaux riverains aux bateaux nationaux. En d'autres termes, qu'il s'agisse d'un contrôle plus sévère ou de charges particulières (le règlement ne précise pas ce point), les bâtiments étrangers se trouveraient vis-à-vis des bâtiments riverains dans une condition d'infériorité qui leur rendrait toute concurrence impossible.

L'on ne sait exactement si la suppression des droits de reconnaissance, d'octroi et de balisage édictée par l'article 3 rentre dans les privilèges reconnus aux riverains. Il est permis d'éprouver des scrupules à cet égard en constatant la relation que l'on a pris soin d'établir entre cet article et les articles 4 et 2. D'après ce dernier, les Pays-Bas consentent à ouvrir aux bâtiments du Rhin les voies communiquant avec la mer et avec la Belgique, tout en mettant à leur disposition éventuelle la branche qui serait indiquée aux navires hollandais, dans le cas où une de ces voies deviendrait impraticable. Or les étrangers ne peuvent se prévaloir de cette clause.

Il convient d'ailleurs de noter que dans un mémoire justificatif de son projet, le gouvernement prussien insiste sur cette considération que l'abolition des droits de navigation sur le Rhin est le résultat de traités particuliers conclus à différentes époques entre les gouvernements du Zollverein, la Hollande et la France, ce qui veut dire en bonne logique que les étrangers ne pourront profiter de cette abolition qu'au moyen de conventions spéciales analogues.

En résumé l'acte du Rhin de 1868, tout en manquant de clarté, malgré l'assertion contraire de ses signataires allemands (1), tend à mettre en pratique, en ce qui concerne les non riverains, le principe suivant inscrit dans le deuxième protocole de révision du 12 octobre de la même année : « la

(1) La convention revisée du Rhin semble avoir été rédigée d'après le même procédé diplomatique que l'article 109 du traité de 1815 et que les conventions allemandes qui s'y rapportent, c'est-à-dire qu'elle témoigne de la part de ses auteurs d'une sorte de répugnance instinctive pour tout ce qui est clairement défini.

En 1819 l'Autriche, pour dissiper tout malentendu sur le sens de la formule Humboldt, proposa de lui substituer une déclaration plus franche qui indiquât sans détours « que le droit à la navigation sur l'Elbe ne s'étendait pas aux sujets des États non riverains. » La Prusse, naturellement d'accord sur le fond, suggéra et obtint que le principe de l'exclusion des étrangers ne serait point inscrit, comme le voulait l'Autriche, en tête du règlement de l'Elbe, dans son article 2, mais qu'on le ferait indirectement et incidemment résulter de dispositions secondaires relatives à la concession des patentes de bateliers.

commission syndicale du fleuve n'a pas le droit d'accorder aux étrangers des avantages qui exigeraient la réciprocité. »

Les États rhénans n'auraient-ils pas été plus sincères si, s'abstenant de proclamer une liberté qui, dans leur intention, n'impliquait pas par elle-même l'égalité, ils avaient simplement réédité dans leur préambule la proposition française de 1798 relative à l'éventualité du concours des pavillons étrangers moyennant consentement des riverains? L'on n'aperçoit pas de différence sensible entre cette proposition et les stipulations de 1868, car ces dernières mettant positivement la liberté fluviale au prix d'un gage particulier de réciprocité, réservent par le fait aux riverains le droit d'apprécier la valeur comparative de ce gage et par conséquent celui de refuser cette liberté. En 1798 la motion française répondait à une idée de progrès; il faudrait admettre que sur le point dont il s'agit, le droit des gens serait resté à peu près stationnaire pendant plus d'un demi-siècle.

Ce serait singulièrement réduire la portée morale de l'idée civilisatrice qui, en 1814, a revêtu la forme solennelle d'un traité européen, que de faire de l'affranchissement des grandes voies fluviales au profit de toutes les nations l'objet d'un marché étroit; un bienfait qui doit être payé d'un équivalent n'est plus un bienfait. La liberté de la navigation intérieure, telle qu'elle a été conçue et annoncée au commencement de ce siècle, n'a point été offerte ou promise moyennant échange ; elle a été décrétée généreusement « pour faciliter les communications entre les peuples et les rendre toujours moins étrangers les uns aux autres (1). » Elle a eu pour bases manifestes l'égalité et l'intérêt du commerce général (2) ; elle devait « répondre à l'attente légitime des contemporains (3), et si elle n'a point encore été formellement élevée, comme autrefois sous la domination de Rome, au rang d'un droit naturel, elle appartient pleinement avec tous les avantages qu'elle comporte et dans les limites que lui assigne le droit des gens moderne, à tout État faisant partie du concert européen.

§ 5.

Une distinction qui n'est pas sans importance se rattache à chacun des deux systèmes qui viennent d'être exposés ; il en a été fait mention incidente à propos du règlement danubien.

La navigation fluviale proprement dite est divisée en grande et petite navigation, selon qu'elle s'exerce entre les différents États riverains ou qu'elle sert aux communications entre les ports d'un seul État. A cet égard, et il y a lieu de s'en étonner, les règles suivies sur les cours d'eau internationaux ne sont point partout concordantes. Ici,

(1) Art. 5 du traité de paix de 1814.

(2) *Idem.*

(3) Circulaire déjà citée de 1814.

comme sur l'Elbe par exemple, les riverains procèdent entre eux d'après un mode analogue à celui qui devait s'appliquer aux pavillons étrangers sur le Danube, c'est-à-dire qu'ils ne se reconnaissent le droit au libre trafic fluvial que d'État à État, et réservent à leurs sujets le cabotage pratiqué sur leur section propre (1).

L'on se demande comment il est possible de concilier une pareille organisation avec les principes élémentaires de toute communauté.

Ailleurs, comme sur le Rhin et sur le Danube, les riverains se traitent, quant au grand et au petit cabotage, sur le pied d'une égalité mutuelle absolue, accord certainement plus conforme à l'esprit des maximes qui régissent les fleuves conventionnels.

§ 6.

L'analyse comparée des deux législations de 1857 et de 1868 met en évidence ce double fait : la communauté danubienne ménage sans doute une part très restreinte à la navigation étrangère; mais le peu qu'elle concède est gratuit et correspond à un profit immédiat et certain; tandis que la communauté rhénane promet tout et ne donne rien pour rien, c'est-à-dire qu'elle subordonne ses libéralités à des engagements plus ou moins onéreux qui les rendent illusoires, si l'on entend en bénéficier sans compensations contractuelles.

(1) Art. 1er de l'acte de l'Elbe du 23 juin 1821.

En d'autres termes, les États riverains du Rhin ne reconnaissent pas la liberté fluviale *dans sa valeur utile* comme un bien acquis à tous, mais comme un bien à acquérir, distinction que l'on ne saurait justifier par aucun des trois grands traités européens de 1814, de 1815 et de 1856.

Cette critique conduit naturellement à l'exposé des *desiderata* dont l'adoption générale ferait de la liberté inscrite au frontispice de toutes les conventions fluviales une réalité féconde et universelle. Ici, je resterai le plus possible sur le terrain pratique, procédant par voie d'amendement et d'extension des dispositions essentielles en vigueur sur les deux principaux fleuves du continent, le Danube et le Rhin.

Déjà, ainsi que je l'ai noté, le cabotage est libre pour les bâtiments de mer de toutes les nations sur une partie de la région inférieure des fleuves conventionnels, et cette latitude existe même sur les voies dont le régime est le plus restrictif. Le parcours ainsi abandonné à l'exploitation de tous est ordinairement limité par un port plus ou moins important où s'opère le contact de la navigation maritime et de la navigation fluviale. Cette sorte de frontière, là où elle ne peut être franchie en vertu des règlements existants, devrait disparaître, de manière que les bâtiments de mer ne fussent désormais arrêtés dans leur marche ascendante que par l'insuffisance des eaux. Admis partout au grand et au petit cabotage, trafic qui, le plus souvent, se réduirait à des transports accidentels, ils n'auraient à produire pour toute justification que leurs papiers de bord. Il serait superflu d'exiger d'eux une patente constatant leur état de navigabilité, car ils offrent par leur destination même de suffisantes garanties de solidité, et ils sont naturellement pourvus de tout le gréement nécessaire. Quant à leurs capitaines, l'on pourrait, dans l'intérêt de la sécurité publique, leur imposer un pilote riverain pendant toute la durée de leur trajet intérieur.

Mais, ainsi que l'observation en a été faite, de telles dispositions, si libérales qu'elles paraissent, ne permettraient aux navires venus de la mer que de courtes incursions qui laisseraient la plus grande partie du domaine fluvial en dehors de l'atteinte étrangère. La solution de la question internationale des fleuves ne serait complète qu'autant que les étrangers absolument assimilés aux indigènes, soumis aux mêmes lois qu'eux et tenus d'ailleurs d'établir le siége de leur entreprise dans l'un ou l'autre des États riverains, pourraient exploiter régulièrement les grands cours d'eau au moyen de bateaux adaptés à la navigation intérieure et portant leurs propres pavillons.

Dans ces conditions spéciales, il y aurait à restreindre les priviléges et immunités des navires étrangers en tant que portions flottantes du territoire dont ils sont autorisés à porter les couleurs. Ce point serait d'un règlement d'autant plus facile, qu'en général, dans les États chrétiens, la juridiction du pays d'origine ne concerne plus que la discipline intérieure des équipages.

Sans doute dans bien des cas, l'étranger, résolu à pratiquer la navigation sur telle ou telle région fluviale, trouverait plus simple ou plus avantageux de prendre l'indigénat ou s'il s'agissait d'une compagnie, obligée d'ailleurs d'avoir son siège dans l'un des pays limitrophes, il pourrait lui convenir de se transformer en société locale et de renoncer par conséquent au pavillon et à la protection morale ou effective de la nationalité de ses principaux coopérateurs. Mais ces actes d'identification devraient rester entièrement facultatifs et ne point résulter de différences réglementaires ou administratives.

En résumé la convention nouvelle qui déterminerait les conditions de la liberté fluviale pourrait être ainsi conçue :

ARTICLE PREMIER

Les fleuves internationaux sont ouverts à la navigation et au commerce universels.

Les bâtiments des sujets riverains et ceux des sujets étrangers y seront traités sous tous rapports sur le pied d'une parfaite égalité, et il ne sera apporté d'autres entraves à leur circulation que celles résultant des dispositions relatives à la police, aux droits de navigation, aux douanes, aux quarantaines et à l'état de guerre.

ARTICLE 2

En conséquence, tout bâtiment à voiles ou à vapeur, quelle que soit sa nationalité, pourra, soit accidentellement, soit régulièrement, transporter des passagers et des marchandises ou pratiquer le remorquage entre tous les ports situés le long de ces fleuves, sans qu'il soit fait de distinction au préjudice de qui que ce soit, entre la navigation directe de la pleine mer vers ces ports et vice versâ, non plus qu'entre le grand et le petit cabotage fluvial proprement dit.

ARTICLE 3

Les bâtiments de mer se livrant à la navigation fluviale n'auront à produire, pour toute légitimation, que leurs papiers de bord et ils devront être pourvus d'un pilote local dans tout le cours de leur voyage, tant en amont qu'en aval.

Les capitaines ou patrons de bâtiments exclusivement fluviaux devront justifier de leurs aptitudes nautiques et de leur expérience locale au moyen d'une patente délivrée par l'État riverain dont ils sont les sujets ou dans lequel ils ont élu domicile, s'ils sont étrangers.

Ils auront, en outre, à faire préalablement constater par des experts officiels le bon état de navigabilité de leurs bâtiments.

IV

POLICE DE LA NAVIGATION

Les fleuves internationaux font partie intégrante des territoires qu'ils longent ou qu'ils traversent. A ce titre, le droit des autorités riveraines d'en réglementer l'usage est d'autant moins contestable qu'ils sont entretenus par les soins, sinon aux frais exclusifs de ces autorités et que d'ailleurs l'exiguité même de la voie qu'ils offrent à la circulation publique et leurs imperfections naturelles commandent des mesures particulières de surveillance et de précaution.

Le plus souvent les ordonnances qui concernent la police de la navigation intérieure, ne figurent pas dans le règlement qui fixe les bases générales du régime de cette navigation; elles s'y trouvent simplement annexées à titre de règlement supplémentaire et forment un ensemble plus ou moins méthodique.

Obligatoires pour tous les pavillons sans distinction de nationalité, ces dispositions sont et doivent être aussi uniformes que possible c'est-à-dire, les mêmes sur toute l'étendue des eaux limitrophes. Leur efficacité est à ce prix, et c'est particulièrement dans cette branche de l'administration fluviale qu'il convient de traiter les courants internationaux, comme s'ils ne dépendaient que d'une seule et même souveraineté; il s'agit, en effet, de directions précises destinées à prévenir les sinistres dans les diverses circonstances de la navigation et notamment quand les bâtiments se croisent ou se dépassent, lorsqu'ils sont remorqués ou halés de la rive, lorsqu'ils voyagent de nuit ou par un temps de brouillard, lorsqu'ils échouent ou font naufrage, etc., etc.

En comparant entre eux les règlements de police établis sur les principaux fleuves européens, il serait d'autant plus facile d'en tirer des normes communes, susceptibles d'une application générale, qu'en fait ces actes spéciaux, basés sur une longue pratique, sont ordinairement copiés les uns sur les autres. Mais de pareils extraits conduiraient à des détails que ne comporte pas le cadre de ces études.

Un seul point mérite ici une mention particulière comme intéressant à un haut degré la sécurité de la navigation fluviale.

Les monopoles ont été partout abolis et avec eux les sociétés ou corporations dont le commerce était tributaire. Une seule institution privilégiée est restée debout sous le règne de moins en moins contesté de la libre concurrence et de l'égalité; c'est celle des pilotes commissionnés, exclusivement chargés de la conduite des navires soit à l'entrée, soit dans le cours des rivières navigables. Cette exception se justifie d'elle-même; l'accès des embouchures et de certaines régions intérieures présentent des dangers qui réclament une grande expérience locale, ainsi que des secours constamment disponibles.

Après la suppression des droits d'étape et des entraves qui s'y rattachaient, le pilotage forcé paraîtrait une anomalie, si l'autorité publique qui le maintient, n'avait en vue que la préservation des propriétés individuelles et se montrait ainsi plus soucieuse que les particuliers de leurs propres intérêts; mais l'obligation dont il s'agit a une autre portée; un échouement ou un naufrage peut compromettre la régularité ou même interrompre le mouvement de la navigation générale, surtout dans les passes étroites ou sinueuses et aux époques périodiques de la baisse des eaux (1).

Deux principes semblent devoir être observés en cette matière : le pilotage ne devrait être imposé que là où il serait réellement imprudent d'abandonner la direction des bâtiments à des navigateurs ordinaires. Sur les sections qui exigent des précau-

(1) En 1856, un bâtiment mal dirigé, échoua par le travers sur le banc des Argagny, dans la Soulina; toute circulation fut interrompue sur le bas Danube et plus de quarante bâtiments durent attendre des semaines que la voie fût dégagée.

tions spéciales, mais pour la fréquentation desquelles les connaissances des capitaines ou patrons sont suffisantes, une station de pilotes brevetés devrait être établie, mais avec faculté pour les capitaines ou patrons de n'y point avoir recours.

Sauf le contrôle général exercé par l'agent international qni, ainsi que je l'indiquerai plus tard, représente d'une manière permanente l'autorité syndicale commune, ce sont les gouvernements qui veillent directement eux-mêmes sur leur section respective à l'exécution du règlement de police et les contraventions dont ce règlement est l'objet, sont punies par les tribunaux *ordinaires* de chaque État. Il semblerait plus naturel de les déférer au jugement des tribunaux *spéciaux* chargés de la répression des infractions commises à l'acte de navigation proprement dit, ainsi que la proposition en a été faite par le plénipotentiaire de Bade au comité du congrès de Vienne dans la séance du 20 février 1815 et suivant le principe déjà posé par la convention de 1804.

La clause réglementaire relative à la police fluviale pourrait se réduire aux deux propositions suivantes :

ARTICLE PREMIER.

Indépendamment de la convention principale qui déterminera les conditions essentielles de leur association, les États riverains d'un même fleuve navigable arrêteront entre eux un ensemble de dispositions de police applicables à leur domaine commun et destinées à en régler l'usage dans l'intérêt spécial de la sécurité et de l'ordre publics.

Ces dispositions, obligatoires pour tous les navires, sans distinction de nationalité, seront, autant que faire se pourra, les mêmes pour tout le cours du fleuve et les pénalités qui en assureront la sanction, seront prononcées par les tribunaux de navigation institués dans chaque État riverain.

V

DES TRAVAUX DE CORRECTION ET D'ENTRETIEN

Parmi les travaux du génie civil, il n'en est peut-être pas qui exigent une plus longue expérience et dont les résultats soient plus incertains que ceux qui ont pour but la correction et l'entretien des courants navigables.

Ce n'est pas seulement qu'un fleuve soit sujet à de fréquents changements dans son système circulatoire par suite des conditions physiques de son bassin ou par l'effet du déboisement successif des pentes dont il recueille les eaux. Les œuvres de l'hydrautecte sont exposées à des accidents qui tiennent à la mobilité même, comme à la puissance propre de l'élément toujours renouvelé dont il entend fixer la direction et régler la conduite. Toute violence faite par des moyens artificiels à l'écoulement naturel d'une masse liquide sur un point quelconque de son trajet se reproduit d'une manière plus ou moins sensible sur un autre point, sans que l'on puisse toujours prévoir les conséquences lointaines de ce trouble local. Coupures destinées à rectifier les passes sinueuses, barrages qui partagent certaines régions en biefs successifs, afin de diminuer la vitesse ou d'élever le niveau du courant, canaux latéraux servant à éviter les rapides, épis établis pour rétrécir le profil du chenal et faire disparaître les bas-fonds, éperons dérivatifs aux points de bifurcation, draguages, jetées parallèles dirigées sur les barres maritimes, etc., etc., tous ces ouvrages, qu'ils soient aussi bien conçus qu'habilement exécutés, peuvent tromper à la longue les plus savants calculs et il n'arrive que trop souvent ou que l'on déplace les obstacles sans les détruire ou que l'on n'obtient un bénéfice qu'au prix d'un détriment plus ou moins grave.

Si l'instabilité du régime propre des voies de navigation intérieure, si l'incertitude qui caractérise leur traitement méthodique ne permettent guère de les soumettre à priori à un plan général de correction sur tout leur parcours, il n'en est pas moins constant qu'il existe et doit nécessairement exister entre les États riverains d'un même fleuve une véritable solidarité technique qui les convie à une entente commune et restreint à plus d'un égard leur indépendance réciproque.

Ce principe avait déjà été posé dans de certaines limites et sous forme négative par les délégués de la République française au congrès de Rastadt. Suivant leur note du 3 mai 1798, les puissances intéressées devaient s'abstenir sur chaque rive de toute entreprise de nature à nuire à la rive opposée, obligation qui fut généralisée par la conclusion suivante de la Députation extraordinaire de l'Empire réunie à Ratisbonne en 1802 : « L'électeur archichancelier se concertera annuellement avec le gouvernement français et avec les princes territoriaux riverains de la rive droite du Rhin pour l'entretien des chemins de halage et pour les travaux nécessaires à la navigation dans l'étendue des frontières respectives. La convention rhénane de 1804, développant à son tour la décision prise à Ratisbonne, confia l'amélioration de la voie fluviale et de ses bords à *une direction unique* qui présida en même temps au service de l'octroi. Ces deux attributions étaient connexes et se justifiaient l'une par l'autre; la batellerie n'eut qu'à se louer de l'activité du pouvoir commun qui en fut investi pendant plus de neuf ans.

En 1815, l'on crut devoir renoncer à cette double centralisation et chaque État reprit son autonomie fiscale et *technique*, sans prétendre cependant à un isolement absolu incompatible avec ses devoirs envers l'association. Le baron de Humboldt, dans un «mémoire préparatoire» daté du 5 février, exprima au contraire l'avis que les travaux fluviaux devaient être exécutés autant que possible d'après un même système, sinon suivant un plan précis et strictement obligatoire, *sauf à chaque État à pourvoir lui-même et par ses propres ressources à la navigabilité de son parcours*.

Le congrès de Vienne se contenta toutefois, par son article 115, d'imposer cette dernière tâche aux possesseurs riverains, tout en s'assimilant la clause française du congrès de Rastadt relative aux rapports techniques entre riverains *opposés*. Il ne fut point formellement question d'un *contrôle collectif* ayant pour objet les travaux hydrauliques en général, parce que sans doute ce droit de surveillance réciproque se trouvait implicitement consacré par l'article 08 qui dispo sait en principe : « les puissances séparées ou traversées par une même rivière navigable s'engagent à régler d'un commun accord tout ce qui a rapport à la navigation de cette rivière. »

C'est ainsi du moins que paraissent l'avoir entendu les États rhénans lorsqu'ils ont déterminé les fonctions de la commission centrale appelée à les représenter. Celle-ci eut à se faire rendre compte annuellement des ouvrages exécutés sur toute l'étendue du fleuve « soit dans son lit, soit sur ses rives » et à juger ainsi de l'efficacité ou de l'insuffisance du concours de chacun. Cependant comme les mandataires ordinaires de la communauté, en leur qualité d'agents administratifs, n'ont pas une compétence spéciale en matière d'hydrautechnique, l'on a suppléé à leur inexpérience en déléguant de temps en temps des ingénieurs pour explorer le cours d'eau et discuter contradictoirement les améliorations reconnues opportunes. Il est procédé de même sur l'Elbe, sur le Weser et sur plusieurs autres voies européennes (1), la pratique ayant ainsi développé dans l'un des services essentiels de l'administration fluviale les maximes ou trop étroites ou trop vagues du congrès de 1815.

De tous les actes particuliers de navigation qui règlent la question technique, celui de Vienne signé en 1857 entre les riverains du Danube semble concilier de la manière la plus équitable et la plus rationnelle l'intérêt collectif avec les convenances individuelles de chaque associé. Aux termes des articles 36, 37 et 39 de cette convention, les travaux techniques se divisent en travaux *obligatoires* et en travaux *facultatifs;* les premiers sont déclarés d'utilité générale et exécutés au nom et aux frais de la communauté; les seconds, d'un caractère essentiellement local, sont abandonnés aux soins volontaires de chaque État et défrayés par lui.

Il y aurait sans doute lieu de compléter ce programme par une disposition supplémentaire en vertu de laquelle il serait interdit d'entreprendre sans l'adhésion préalable de la commission syndicale certains ouvrages de nature à modifier l'économie des eaux communes ou à gêner la circulation publique (2).

C'est particulièrement sur ces différentes distinctions et réserves que sont basés les articles qui

(1) Traité danubien du 2 décembre 1851. Art. 13; traité relatif au Pô du 3 juillet 1849. Art. 6. Convention entre la Hollande et la Belgique sur l'Escaut, en date du 27 septembre 1861, etc., etc.

(2) Voir à ce sujet la discussion du projet de surveillance des

terminent cette étude. Je chercherai dans un chapitre spécial relatif aux droits de navigation à circonscrire avec plus de précision l'action technique du *condominium* riverain.

ARTICLE PREMIER.

L'autorité syndicale du fleuve désignera les travaux de correction et d'entretien de la voie navigable qui lui paraîtront nécessaires dans l'intérêt général.

Ces ouvrages dont le plan et le devis auront ainsi été l'objet d'une décision collective, seront obligatoires, et chaque riverain pourvoira à l'exécution de ceux qui concernent sa section fluviale. Les dépenses seront couvertes par un tarif de droits de navigation.

ARTICLE 2.

Indépendamment de la tâche qu'il aura ainsi à accomplir au nom et pour le compte de la communauté, chaque État riverain prendra telles mesures qu'il jugera convenables pour entretenir et améliorer à ses propres frais la navigabilité de la partie du fleuve relevant de sa souveraineté, en se concertant toutefois, s'il y a lieu, avec les États voisins.

Il sera interdit d'entreprendre sans l'adhésion préalable de l'autorité syndicale du fleuve certains

cours d'eau dans l'empire d'Allemagne, par l'ingénieur Hubbe, Hambourg, 1848.

ouvrages, tels que coupures, ponts, barrages pouvant modifier l'économie des eaux communes ou gêner la circulation publique.

ARTICLE 3.

En vue de réaliser les dispositions de l'article 1 ci-dessus, une commission technique dans laquelle chaque État riverain sera représenté par un ingénieur, inspectera le fleuve et soumettra à l'autorité syndicale les plans et devis des ouvrages dont elle aura reconnu la nécessité. Elle rendra compte en même temps de l'état des travaux en cours d'exécution.

Cette commission purement consultative sera temporaire; elle se réunira de plein droit aux époques déterminées une fois pour toutes par l'autorité syndicale du fleuve.

VI

DES DROITS DE NAVIGATION

---

§ 1.

Au moyen âge et jusque vers la fin du dernier siècle, les droits auxquels la navigation intérieure était assujettie, avaient un caractère essentiellement fiscal et représentaient l'un des revenus les plus considérables des possesseurs riverains. Il se multipliaient sous des dénominations diverses (1), et leur seule nomenclature témoignait de l'âpreté qui présidait à l'administration fluviale et au contrôle public de l'industrie batellière.

L'on pouvait cependant distinguer sous ce régime d'oppression systématique deux catégories d'impositions, les unes basées sur le fait de la navigation et appliquées comme droits de passage et les autres dont la seule qualification indiquait l'origine féodale et qui, tel que le droit d'étape ou de relâche

(1) Voir les édits, lettres et arrêts cités dans l'introduction.

forcée avec obligation de rompre charge, reposaient sur un abus flagrant.

Ce sont ces dernières que le congrès de Vienne s'est proposé d'abolir à jamais, tout en déterminant les conditions sous lesquelles les autres pourraient être maintenues.

Toutefois l'on retrouve dans les décisions prises à cet effet en 1815 la trace d'hésitations analogues à celles que révèle la définition ambiguë donnée à cette époque au principe de la liberté fluviale (1). Il n'y avait cependant point à se méprendre sur la nature de la réforme que réclamait alors l'opinion publique : l'on entendait que la navigation intérieure fût désormais et définitivement affranchie de l'arbitraire financier des autorités riveraines et que les taxes qu'elle aurait à acquitter « ne fussent plus considérées *comme une source de revenus directs.* » C'est en ces propres termes que s'exprimait lord Clancarty dans la séance du 3 mars 1815, apportant dans cette question spéciale la netteté et l'esprit pratique dont il avait déjà donné plus d'une preuve à ses méticuleux collègues.

L'on se persuada sans doute que cette formule anglaise était trop peu diplomatique, qu'elle assignait à l'autonomie des États intéressés une limite peut-être embarrassante et en la repoussant, il est vraisemblable que le comité du congrès se préoccupa de certaines rentes auxquelles continuait à pourvoir

(1) Voir pages 33 à 39; 74 à 100.

l'administration rhénane. Aussi pour tout concilier, recommanda-t-il, « comme norme approximative », l'octroi en vigueur sur le Rhin.

Sauf cette critique qu'atténuent d'ailleurs les difficultés inhérentes au règlement de ce point délicat, l'on ne peut que rendre hommage aux vues relativement libérales qui ont inspiré l'article 3 du traité de Vienne.

Cette clause importante que, pour plus de clarté, je diviserai en paragraphes, est ainsi conçue :

§ 1. « Les droits de navigation seront fixés d'une manière uniforme, invariable et assez indépendante de la qualité différente des marchandises pour ne pas rendre nécessaire un examen détaillé de la cargaison, autrement que pour cause de fraude et de contravention. »

§ 2. « La quotité de ces droits sera fixée d'après les circonstances locales, qui ne permettent guère d'établir une règle générale à cet égard. »

§ 3 « Ces droits ne pourront en aucun cas excéder ceux existants actuellement. »

§ 4. « On partira, en dressant le tarif, du point de vue d'encourager le commerce, en facilitant la navigation, et l'octroi établi sur le Rhin pourra servir de norme approximative. »

De même que la rédaction de M. de Humboldt relative au libre exercice de la navigation fluviale a donné lieu à des distinctions contraires au droit des pavillons étrangers, de même aussi les stipulations qui précèdent ont été diversement expliquées comme des textes obscurs « où chacun fait sa glose ».

Ainsi plus d'un gouvernement a prétendu qu'en subordonnant aux conditions locales la *quotité* des taxes de navigation, tout en déclarant que ces taxes ne pourraient dépasser celles déjà existantes au temps du congrès de Vienne, l'on avait autorisé les États riverains à établir le tarif qu'ils jugeraient convenable, sans qu'ils fussent tenus de prendre pour base de leurs évaluations les seuls intérêts de la batellerie commune (1).

Quelques-uns ont même soutenu qu'en indiquant comme taux maximum l'octroi perçu en 1815 sur le Rhin, le congrès avait formellement sanctionné toutes les impositions fluviales qui étaient levées à cette époque, quelles qu'en fussent la légalité, l'origine et la destination et que dès lors il dépendait du bon vouloir de chaque État de changer ou de maintenir telles quelles ces diverses impositions.

L'on allait même plus loin dans cette étrange argumentation en alléguant que l'octroi du Rhin ayant été proposé comme norme approximative et cet octroi servant en partie, comme autrefois celui de la Meuse (2) à couvrir quelques anciennes charges étrangères à la navigation, les signataires du traité de Vienne avaient implicitement reconnu le principe que le tarif fluvial pourrait être « une source de revenus directs ». L'on appuyait d'ailleurs ce

(1) Voir l'ouvrage « die Elbzölle », Leipsik, 1860.
(2) Traité de barrière du 15 novembre 1715.

raisonnement du fait que le comité de 1815 avait rejeté l'explication contraire donnée par lord Clancarty.

Et lorsque l'on opposait à ces ingénieux commentateurs le libellé si formel du § 4 qui prescrivait d'avoir en vue dans l'élaboration du tarif les intérêts du commerce et de la navigation, ils répondaient que ce texte était tellement inconséquent qu'il n'y avait pas lieu d'en tenir compte. Selon eux, en effet, l'on ne pouvait sérieusement considérer une taxe, quelque minime qu'elle fût, comme un stimulant, et par conséquent comme un bienfait pour les industries qui devaient l'acquitter, et que « dresser un tarif » et en même temps « encourager le commerce et faciliter la navigation » étaient des actes absolument contradictoires.

Ces arguties montrent jusqu'à quel point la réforme fluviale, si juste, si opportune, si naturelle qu'elle paraisse aujourd'hui, a été longtemps contestée, combattue, paralysée, et surtout combien, dans un dispositif qui vise, comme celui dont il s'agit, des pratiques consacrées par un long usage, il convient de prévoir les résistances et les subtilités de l'égoïsme et de la routine.

L'article 3 (est-il besoin d'y insister ?) est d'une lecture aussi simple que son sens est logique. Aux perceptions multiples, variables et tracassières, il substitue des droits uniformes, fixes et aussi indépendants que possible de la nature des cargaisons. Comme d'ailleurs il a pour but de formuler une règle générale applicable à tous les fleuves communs, il ne peut naturellement déterminer d'avance le taux de ces droits, puisqu'ils doivent surtout dépendre de l'importance des travaux d'entretien qui ne sauraient être sur le Weser les mêmes que sur le Pô; mais il leur assigne une limite maxima, en disposant d'une part qu'ils n'excéderont en aucun cas les droits actuellement perçus, et d'autre part que les tarifs nouveaux pourront être calqués sur celui du Rhin. Et afin d'empêcher que sur telle ou telle voie conventionnelle la communauté riveraine, abusant de la latitude qui lui était nécessairement laissée, ne réclamât de la batellerie des redevances excessives, l'article ajoute qu'en établissant l'octroi fluvial, l'on se préoccupera de satisfaire aux exigences légitimes du commerce et de la navigation, disposition qui n'associe nullement deux idées incohérentes et à laquelle la mauvaise foi seule peut prêter un sens contradictoire et par conséquent absurde.

§ 2.

Les stipulations de 1815 sur le service des taxes fluviales n'auraient point suscité les discussions subtiles que je viens de résumer, si elles avaient fait nettement ressortir le principe fondamental dont elles n'étaient que l'expression affaiblie, principe que lord Clancarty proposait de reconnaître par cette simple déclaration : « L'octroi ne pourra être considéré comme une source de revenus directs. » Ou, en d'autres termes, l'octroi devra avoir uniquement pour but le remboursement des dépenses faites dans l'intérêt de la navigation.

Si les négociateurs de 1815 avaient jugé à propos d'inscrire dans leur code une loi ainsi conçue, le Hanovre, le Mecklembourg et le Danemark n'auraient pu persister sur l'Elbe dans l'application d'un tarif qui, déduction faite des sommes employées aux travaux fluviaux, leur ont rapporté de 1821 à 1860 plus de soixante-quinze millions de francs. L'on n'aurait pu de même maintenir sur le Rhin pendant de longues années un octroi qui n'était pas inférieur aux droits prélevés sur les meilleurs canaux de France et d'Angleterre (1).

Le congrès de Paris de 1856 a suppléé en ce point à l'omission volontaire du congrès de Vienne en spécifiant sous quelles conditions le Danube serait admis au nombre des fleuves conventionnels. Par l'article 15 de son traité, il a autorisé la perception de droits fixes destinés à couvrir les frais des travaux et établissements ayant pour objet d'assurer la navigation sur la partie inférieure du fleuve, ajoutant que, sauf ces droits locaux, les navires jouiraient d'une franchise absolue sans distinction de pavillons.

L'on ne pouvait définir plus clairement dans le cas spécial des ouvrages projetés sur le bas Danube, le but que se proposaient vaguement, en matière de tarif, les membres de la commission de 1815.

(1) Woltmann, Beförderung der Flufsschiffahrt, p. 100.

Ce but cependant était dépassé en ce qui concerne le traitement des navires fréquentant *le haut Danube*. Une courte explication est ici nécessaire, et elle se rattache directement au sujet de cette étude.

Antérieurement au traité du 31 mars 1856, il n'existait sur le Danube aucun octroi proprement dit; praticable d'ailleurs sur la plus grande partie de son cours, le fleuve était en général abandonné à son état naturel. Les embouchures toutefois offraient de sérieux obstacles aux bâtiments de mer, et pendant de longues années la Russie avait eu à se défendre d'imputations qui mettaient en doute son désir d'en faciliter l'accès. Les grandes puissances, réunies à Paris, résolurent d'aviser elles-mêmes aux améliorations les plus urgentes, à celles auxquelles le commerce européen était le plus intéressé et ne s'occupant, à ce point de vue, que des avenues de la grande voie orientale, elles s'abstinrent de toute immixtion directe dans la régularisation de son parcours supérieur. Or, comme jusqu'alors, aucune taxe de passage ne s'y prélevait, elles pensèrent devoir consacrer formellement cette situation acquise, décision qui, dans l'avenir, pouvait n'être point équitable, car elle tendait à laisser à la charge des riverains, sans consulter leurs convenances, la dépense de travaux qu'ils auraient jugés utiles ou nécessaires et dont, aux termes de l'article 16 du traité de Paris, tous les pavillons auraient été appelés à profiter.

Aussi en 1857, lors de leurs premières conférences à Vienne, les États co-possesseurs du Danube crurent-ils devoir rectifier sous ce rapport les arrangements du congrès, s'attribuant le droit qui leur avait été dénié. Mais, et c'est à cet égard que leur revendication touche à la question générale traitée dans ces pages, ils proclamèrent hautement ce que j'appellerai le principe Clancarty, en affectant le produit de leur tarif futur au seul et unique remboursement des capitaux employés à l'amélioration fluviale (1).

Cette initiative des États danubiens, d'abord critiquée dans sa forme, fut approuvée quant au fond aux conférences de Londres de 1871 et les mêmes puissances qui avaient participé au congrès de Paris, autorisèrent l'Autriche-Hongrie et la Turquie à établir éventuellement un tarif de navigation sur le haut Danube, pour s'indemniser des frais qu'entraînerait la correction de leur section commune aux Portes de Fer, dernière résolution conventionnelle qui permet de conclure que la règle de la contre prestation en matière d'octroi fluvial a définitivement prévalu dans le droit public.

§ 3.

Le tarif étant approximativement calculé sur le budget technique et sur les frais du personnel et des établissements dépendant du service de la na-

(1) Voir art. 20, 21 de l'acte danubien de 1857.

vigation, c'est-à-dire, sur des dépenses variables, il s'ensuit qu'il devrait être l'objet d'une révision périodique. Quant à sa quotité maximum, il va sans dire que la limite générale adoptée en 1815 pour mettre un frein à d'anciens abus, ne saurait plus être d'une application pratique et que le produit de l'octroi étant désormais étranger aux revenus du trésor, les États riverains ne peuvent avoir en vue que l'intérêt du commerce et de la navigation.

D'ailleurs, de nos jours, toute recette, comme toute dépense de l'État, est soumise au contrôle des pouvoirs publics, garantie qui n'existait pas autrefois et qui pourrait être rendue plus efficace si, suivant l'usage introduit par la Commission européenne du Danube, l'on publiait officiellement un bilan sommaire des opérations annuelles des différents bureaux de perception, ainsi qu'un état indiquant la répartition et l'emploi des produits du tarif fluvial.

§ 4.

La communauté des dépenses techniques et administratives trouve son complément naturel, sinon nécessaire, dans la communauté des recettes et par conséquent dans l'institution d'un service de perception opérant au nom et pour le compte de l'association riveraine.

Cette organisation, comme je l'ai déjà dit, existait sur le Rhin en 1804 et elle n'a produit que de bons effets. L'on peut représenter toutefois qu'à cette époque le *condominium* rhénan se réduisait à deux membres qui, possédant à peu près la même étendue de rives, disposaient chacun d'un nombre égal de bureaux d'octroi, ce qui simplifiait singulièrement l'administration fiscale de la navigation. Il y a en outre à considérer que le règlement des intérêts financiers rencontre maintes difficultés pratiques là où le cours d'eau est partagé entre de nombreuses souverainetés d'inégale importance; que si en général un gouvernement hésite à déléguer une partie de ses attributions à une autorité étrangère, il est surtout jaloux de ses prérogatives en matière d'impôts et que d'ailleurs la centralisation peut n'être point applicable sur tous les fleuves, comme par exemple sur ceux où le tarif épargne certaines régions et a une affectation toute locale.

Aussi conviendrait-il de s'en remettre aux États riverains du soin de prononcer librement, selon les cas, sur le principe d'ailleurs recommandable de la perception commune (1).

§ 5.

S'il est un point qui ait été mis en relief dans l'œuvre spéciale du comité de navigation de 1815, c'est sans contredit celui qui concerne la nature des rapports nouveaux qui devaient unir les États coriverains ; ceux-ci étaient appelés à se constituer

(1) La perception commune existait sur le Pô. Art. 13 de la convention de 1849.

en communauté et à régler ensemble, ainsi que le prescrit l'article 108 du traité général, toutes les questions intéressant l'usage de leur voie d'eau intérieure.

C'est sur cette idée d'association et de concours mutuel permanent que repose toute l'économie de la convention rhénane de 1804, ainsi que celle du projet français soumis au comité dès sa première conférence et adopté dans son ensemble par le congrès (1). Or la communauté entre puissances souveraines a nécessairement pour base l'égalité.

Quoique cette dernière condition ait été plus spécialement stipulée pour le régime fiscal, il est arrivé que plusieurs gouvernements ont procédé en matière de tarif, comme si l'article 111 qui vient d'être discuté, avait été dicté par des vues contraires.

En 1836 un Ordre du cabinet de Berlin introduisit sur la partie prussienne du Rhin diverses réductions et franchises qui furent successivement étendues à tous les pavillons rhénans, sauf au pavillon français. Celui-ci se trouva évincé de fait de la région prusso-hollandaise et l'on put dire avec quelque apparence de raison que, réduit à faire décharger ses marchandises et à les livrer à un bâtiment privilégié, lors de son arrivée à la frontière prussienne, l'expéditeur strasbourgeois subissait indirectement la dure loi des relâches forcées.

(1) Voir article 2 de la Convention de 1804 et art. 1 du projet du duc de Dalberg sur la navigation du Rhin.

Cette sorte d'ostracisme ne portait pas seulement atteinte au principe fondamental du *condominium* prévu et réglé par le congrès de Vienne ; il avait toute la portée d'une infraction consciente à une clause particulière de la convention rhénane qui avait précisément pour but de développer ce principe et de l'adapter au système de l'octroi fluvial. L'article 32 du règlement du 31 mars 1831 portait en effet qu'il serait loisible à chaque État riverain de réduire cet octroi, soit pour certains objets, mais *par mesure générale et sans distinction de personnes*, soit pour certains bâtiments appartenant à ses propres sujets, disposition dont le commissaire de Bade avait précisé et quelque peu restreint le sens par cette déclaration protocollaire : « Il sera libre à chaque État riverain de consentir sur sa part dans l'octroi du Rhin une diminution des droits de navigation au profit des marchandises qui seront transportées dans ses ports ou qui en seront expédiées ; mais dans ce cas, il ne pourra pas être fait de distinction entre les bateliers nationaux et les bateliers étrangers, de même qu'entre les différents ports étrangers d'où les marchandises proviennent ou auxquels elles sont destinées (1). »

La Prusse n'en persista pas moins dans sa thèse des pavillons privilégiés, alléguant notamment que l'isolement d'un État riverain devait l'amener à user de réciprocité à l'égard des autres et à acquérir

(1) Protocole XXIV de 1832.

ainsi par ses concessions le droit au traitement de la nation la plus favorisée.

Cette raison était de nature à causer quelque surprise en tant qu'elle visait la France, qui, bien antérieurement à l'Ordre du cabinet de Berlin, avait supprimé son octroi depuis l'embouchure de la Lauter jusqu'à Strasbourg, en faveur de toute marchandise d'importation et d'exportation et au profit de tous les États rhénans.

Cependant, en 1868, par l'article 3 de la convention révisée du Rhin, le gouvernement prussien souscrivit au principe de l'égalité des pavillons riverains, mais il ne manqua pas de rappeler que cette disposition, en ce qui concernait la France et les Pays-Bas, se rattachait aux traités commerciaux conclus séparément avec ces deux puissances.

L'Autriche témoigna d'un esprit moins calculateur, lorsque après la paix de Paris de 1856, elle eut à traiter ce point de réglementation au sein de la commission danubienne. L'article 10 de la convention viennoise de 1857 porte en effet : « Tous les avantages concédés dans un pays riverain aux bâtiments d'une nation quelconque sous le rapport de la navigation, seront également concédés aux bâtiments de tous les riverains. » Cette assimilation n'est pas subordonnée à des traités particuliers.

La doctrine prussienne appliquée dans toute sa rigueur pourrait rendre illusoire la liberté de navigation que le congrès de 1815 a du moins entendu assurer dans les limites les plus larges aux co-possesseurs d'une même voie fluviale (1); elle légitimerait à l'égard des États moins favorablement situés des distinctions fiscales qui équivaudraient pour eux à une sorte de blocus et les mettrait à la merci des autres, situation dont la Prusse elle-même a démontré toute l'injustice par les prétentions exorbitantes qu'elles a opposées aux réclamations du gouvernement français (2).

Il semble que la déclaration badoise, plus conforme à l'esprit et même à la lettre des stipulations qui régissent les communautés fluviales, donne la vraie mesure de l'indépendance fiscale des États co-riverains et qu'à ce titre elle doive être adoptée comme l'exacte interprétation de l'article 108 du traité de 1815, en tant qu'il s'agit du système de l'octroi fluvial.

§ 6.

En consultant les différents tarifs successivement appliqués sur les fleuves internationaux à la suite du congrès de Vienne, l'on constate qu'en général leur économie reposait sur la triple base de la capacité des navires, de la nature des cargaisons et de la distance à parcourir.

(1) C'est toujours le même système différentiel que nous avons vu opposé par la Prusse aux étrangers dans l'acte de navigation de 1868.

(2) Le commissaire prussien à Mayence a cru pouvoir réclamer, à titre de minimum, *indépendamment des franchises déjà existantes sur le Rhin français*, l'admission des pavillons allemands sur le canal d'Alsace entre Strasbourg et Huningue.

Le droit prélevé sur le corps du navire et que plusieurs conventions qualifiaient de droit de reconnaissance, était évalué en poids, suivant certaines catégories graduées qui établissaient chacune une limite maxima et minima. Celui qui affectait le chargement était également calculé en poids et variait suivant l'espèce de marchandise relevée dans le manifeste; tels articles étaient passibles de la taxe entière, tels autres du quart, ou du cinquième, ou du dixième, etc. L'on payait d'ordinaire pour le trajet projeté, c'est-à-dire, d'avance et celui-ci était déterminé soit d'un bureau de perception à l'autre, soit d'après une mesure itinéraire convenue.

En principe, le système des trois facteurs paraît le plus juste, car il atteint l'instrument de transport en proportion de sa faculté productive, la marchandise en raison de sa valeur, tout en tenant compte de la mesure dans laquelle le navire et la cargaison profitent de la voie d'eau. Mais dans la pratique, il présente des inconvénients de plus d'une sorte : compliqué par lui-même, il occasionne des lenteurs, provoque à la fraude et nécessite un contrôle plus ou moins inquisitorial qui, sur les courants ouverts aux pavillons de nations différentes, peut souvent dégénérer en abus.

L'on objecte, il est vrai, non sans quelque raison, que la simplification du tarif en ce qui concerne les marchandises, c'est-à-dire la suppression de toute distinction fiscale, aurait pour effet de surcharger les matières de peu de valeur et de première nécessité et d'épargner les articles précieux et les objets de luxe, traitement d'autant plus inégal que les marchandises pauvres sont ordinairement encombrantes, tandis que les autres ont le plus souvent un volume réduit. Est-il admissible, ajoute-t-on sous forme d'exemple, de percevoir le même droit sur un chargement de houille ou de fruits communs et sur une cargaison d'indigo ou de thé?

Cependant, à part l'impossibilité de réaliser la justice absolue en matière d'impôt, l'on ne saurait oublier que le négociant, comme l'expéditeur et le batelier, a le plus grand intérêt à ce que l'application des tarifs qui servent à ses calculs, soit aussi simple que possible et n'expose pas ses envois à de trop longs et de trop fréquents retards. Cette dernière considération a surtout du poids, quand il s'agit de navigation fluviale, c'est-à-dire d'un mode de transport qui n'est déjà que trop sujet aux chances variables du temps et de l'état des eaux. A ce point de vue, il semble évident que la taxation de l'industrie fluviale a été et est encore sur quelques cours d'eau trop minutieuse et trop formaliste. Sur l'Elbe, le tarif de l'octroi, sans parler de celui des droits de reconnaissance, comprend six classes avec désignation de plus de cent cinquante articles répartis entre elles ; l'on distingue même pour quelques marchandises entre la remonte et la descente. Jusqu'en 1868, l'octroi rhénan comportait quatre classes avec environ cent quatre-vingts articles dénommés.

Ces divisions multiples et ces spécifications peuvent être critiquées comme des déviations de la règle posée par l'article 111 de 1815 et suivant laquelle les droits de navigation devaient être aussi indépendants que possible de la qualité des marchandises composant les cargaisons.

L'unification de l'octroi fluvial proprement dit blesserait d'autant moins l'équité que le droit fixe, substitué désormais aux droits différentiels, serait réduit à un taux minime. Cet octroi prélevé sur le contenu pourrait se confondre avec le droit de reconnaissance qui, prélevé sur le contenant, n'en pèse pas moins sous forme de fret sur la marchandise transportée, de telle sorte qu'un navire serait simplement taxé d'après sa capacité utile, sans préjudice d'une réduction en cas de charge partielle.

Cette procédure sommaire, déjà recommandée à différentes époques dans les commissions de l'Elbe, du Danube et du Rhin, a successivement passé dans la pratique sur plusieurs fleuves communs et il est vraisemblable qu'elle fera loi partout où des droits de navigation continueront à être perçus.

Sa mise en vigueur dans les eaux internationales conduira nécessairement à l'adoption de méthodes identiques ayant pour objet le mesurage des bâtiments fluviaux et maritimes, réforme importante qu'il convient d'examiner dans ses détails pratiques et à laquelle plusieurs États se montrent déjà disposés.

§ 7.

Le jaugeage des instruments de transport par eau rentre partout dans les attributions de l'autorité publique qui en délègue le soin à des experts assermentés. Il diffère dans ses procédés, suivant qu'il s'agit de bâtiments fluviaux et de bâtiments maritimes. Pour les premiers dont le type est plus simple, l'on évalue par voie d'immersion la charge qu'ils peuvent porter, c'est-à-dire que celle-ci est représentée par la différence des volumes d'eau déplacée tant à vide qu'à plein. La construction des seconds étant plus compliquée, on détermine leur capacité utile, soit en les divisant en un certain nombre de chambres dont on calcule séparément la contenance, soit en se contentant de multiplier l'une par l'autre leurs trois dimensions et en divisant le produit de cette opération par un chiffre fixé empiriquement, tel que 3,2 ou 3,8 pour tenir compte de la perte résultant des parties rentrantes de la coque, tant de l'arrière à l'avant que du pont à la quille.

Indépendamment de cette diversité de systèmes, l'unité de mesure qui sert à exprimer la jauge, n'est point partout la même et n'offre pas les éléments d'une comparaison propre à fixer le rapport de proportion existant entre les tonneaux ou lasts des différents pays. C'est surtout cette dernière divergence qui complique et laisse toujours imparfait le calcul de conversion destiné à assurer l'égalité de traitement à tous les pavillons dans l'application d'un tarif international.

En effet, pour que deux quantités puissent être comparées entre elles, il faut qu'elles soient de même nature, que, par exemple, elles représentent toutes deux un poids ou un volume. Or cette condition fait défaut, car l'unité de jauge n'est ni une mesure de poids, ni une mesure de capacité; elle est elle-même le résultat et le résultat moyen seulement d'une comparaison entre la capacité des navires et la quantité de marchandises qu'ils peuvent recevoir sans cesser d'être navigables. En d'autres termes l'unité de jauge qualifiée tonne ou last, est le volume occupé par tel poids de marchandises et ce volume n'est qu'une mesure moyenne calculée sur un certain nombre d'articles divers de transport dûment arrimés. Ainsi, en prenant pour exemple le tonneau français ancien ou tonneau métrique de 1000 kilogrammes, on trouve qu'il est représenté par un espace fixé autrefois légalement à 42 pieds cubes ou 1 mètre cube 44 centièmes, espace porté plus tard à un mètre cube et demi en chiffre rond.

Suivant ce système un bâtiment jauge autant de tonneaux qu'il peut contenir de fois un mètre cube et demi.

Ajoutons que la valeur de l'unité de jauge de chaque pays est encore affectée par la quotité plus ou moins grande qui, d'après la loi nationale, doit être déduite du résultat du jaugeage, comme s'appliquant aux espaces non susceptibles de recevoir des marchandises, tels que le logement des équipages et les emplacements occupés sur les bateaux à vapeur par le moteur et par son combustible.

Ainsi, divergence dans les procédés en usage pour mesurer la capacité des navires, divergence dans les rapports admis entre le poids de la cargaison et cette capacité, double cause d'inégalités dont il est impossible d'exprimer la proportion par des nombres exacts.

Dans ces conditions, on se sert d'un moyen expérimental qui fournit cette proportion d'une manière approximative. L'on jauge plusieurs bâtiments d'un pays d'après la méthode de jaugeage usitée dans un autre pays et par une division l'on obtient un nombre qui donne la valeur relative des deux unités de mesure. Si l'on trouve par exemple que soixante-dix bâtiments autrichiens traités suivant la loi anglaise, ont un tonnage total de 29 533 tonneaux, tandis que d'après leur certificat national, ce tonnage total est de 38 103 tonneaux, l'on dira que le rapport du tonneau autrichien au tonneau anglais est figuré par $\frac{29\,533}{38\,103}$ ou que le premier est égal à 77 centièmes et demi du second, en moyenne.

C'est grâce à l'initiative de la Commission européenne du Danube que pour la première fois, en 1861, ces jaugeages comparatifs ont été entrepris officiellement sur une échelle assez large pour comprendre la plupart des pavillons. Cette commission a adopté comme type le tonneau de registre anglais (registerton), calculé d'après la méthode Moorsom qui rentre dans le premier système indiqué plus haut, celui qui consiste à diviser le vide intérieur du bâtiment en six parties dont le volume est jaugé séparément (1).

Le barème établi sur cette base (2) a été appliqué en 1872 sur le canal de l'isthme de Suez, et l'on ne peut qu'en recommander l'emploi à toutes les autorités et compagnies chargées de percevoir des droits de tonnage sur des bâtiments de nationalités différentes.

Cependant le système inauguré par la Commission européenne du Danube ne saurait être considéré que comme un expédient provisoire; il a un côté faible qui donne lieu à de légitimes critiques. Sans doute il assure à peu près l'égalité de taxation aux bâtiments d'un même pavillon pris en bloc et vis-à-vis des bâtiments des autres pavillons; mais les bâtiments d'un seul et même pays considérés

(1) Il est en effet généralement reconnu que cette méthode remplit mieux que toute autre les deux conditions essentielles que doivent présenter le calcul et la constatation officielle de la contenance des navires; elle donne cette contenance avec assez de précision pour que l'administration des taxes basées sur le tonnage ne soit point frustrée et elle permet en même temps de rechercher et de développer dans la construction toutes les bonnes qualités de forme, de vitesse, de solidité, de capacité et de flottaison qui répondent aux intérêts des armateurs.

(2) Voir l'annexe, page 242.

isolément les uns vis-à-vis des autres, ne sont pas également imposés, parce que le facteur de réduction exprime, non le rapport absolu, mais le rapport moyen des différentes unités de jauge à celle sur le pied de laquelle les taxes sont perçues. Sur 192 navires français officiellement jaugés dans les ports d'Angleterre en 1861, il y a eu presque autant de facteurs différents que de navires.

La vraie solution du problème consisterait dans l'application d'une règle commune de mesurage et d'une seule et même unité de jauge pour toutes les nations. C'est ainsi que la question a été posée par la commission danubienne dès 1861 et que la commission internationale réunie à Constantinople en 1872 l'a reproduite en recommandant comme double norme universelle le système Moorsom et le tonneau de capacité de 100 pieds cubes anglais (1).

§ 8.

L'on remarque que la plupart des conventions fluviales, après avoir réglé avec plus ou moins de détails les diverses questions fiscales qui viennent d'être traitées dans ces derniers paragraphes, prononcent l'abolition des droits d'étape, d'échelle et

(1) La méthode Moorsom (merchant Shipping act de 1854) est déjà en usage ou admise en principe avec quelques variantes en Allemagne, en Autriche-Hongrie, en Belgique, en France, en Italie, dans le Danemark, dans les États-Unis d'Amérique, en Suède et Norwège, en Espagne, en Turquie et dans les Pays-Bas.

de relâche forcée. M. Bluntschli lui-même, dans son chapitre relatif aux cours d'eau navigables, ne néglige pas de faire mention de cette mesure, tout en se référant aux longues discussions qu'elle a suscitées dans le comité de 1815.

J'ai déjà indiqué en peu de mots, dans l'historique qui précède ces études, l'origine du droit en vertu duquel les navires étaient tenus autrefois de s'arrêter devant certaines localités riveraines pour y décharger leurs cargaisons. Dans le principe, les gouvernements ou les municipalités qui s'étaient arrogé ce privilège, prétendaient le justifier par la sécurité qu'il assurait au commerce et à la navigation. Ils se fondaient sur l'état imparfait de la voie d'eau et sur la nature de certains transports, qui interdisaient souvent de longues intercourses et nécessitaient un ou plusieurs transbordements. L'obligation de stationner et de « rompre charge » était représentée comme la consécration d'un usage établi et tendait simplement à la réglementation d'une pratique qui répondait, disait-on, aux convenances des négociants et de leurs intermédiaires. Plus tard l'on se préoccupa moins des intérêts que la relâche devait protéger et le commerce dut en subir les rigueurs dans maints ports où elle n'avait aucune raison d'être. C'est ainsi que pendant les négociations de Munster, les Hollandais ayant insisté sur la reconnaissance du droit d'étape de la Zélande, l'Espagne céda à cette exigence, mais en se réservant, à titre de réciprocité, a faculté de créer une relâche quelconque sur la partie supérieure de l'Escaut, c'est-à-dire dans une région, où suivant l'opinion de la république, « la nature des lieux n'en motivait point l'usage ».

Il advint aussi que vers la fin du XVIIIe siècle, les habitants de Dantzig s'avisèrent de retenir les navires au passage, par la simple raison que leur territoire se trouvait sur la Vistule dans une situation analogue à celle de la Zélande sur l'Escaut.

Cologne et Mayence conservèrent leur relâche forcée bien des années après le traité de Vienne de 1815 (1), et il n'est pas sans intérêt de connaître les arguments qui furent produits au congrès pour en défendre le maintien.

« L'on prétend, dirent à peu près les députés mayençais, que les stations et les relâches forcées ne sont pas indispensables à la sûreté de la navigation, parce que rien n'empêche de descendre et

(1) Le fait suivant démontre qu'il n'était point de violences dans les autorités riveraines ne prissent la responsabilité pour défendre leur institution féodale : Au mois de mars 1824, la régence grand-ducale de Mayence fit arrêter quelques bateliers à Bingen, parce qu'ils avaient transporté de ce dernier port au port nassovien de Biberich plusieurs chargements de marchandises qui, destinées au marché de Francfort, avaient pris la voie de terre depuis Biberich jusqu'au Mein, *afin d'éviter la relâche de Mayence*. Ce changement de route entraînait une économie d'environ 40 centimes par quintal. On alla plus loin : des bâtiments furent obligés de décharger à Bingen des marchandises, sur le simple soupçon qu'elles devaient suivre le même itinéraire.

A son tour l'autorité nassovienne mit l'embargo à Caub sur des marchandises dirigées vers les ports hessois. Ces représailles amenèrent la régence mayençaise à composition.

de remonter le fleuve sur toute son étendue. Cela est possible sans doute pour des bateaux d'un faible échantillon. Mais le commerce pourrait-il s'en accommoder? Il devrait multiplier, selon les trajets, le nombre de ces embarcations et éparpiller ainsi ses envois, opération qui, en occasionnant de longs retards, porterait le fret à des prix d'autant plus élevés qu'à défaut des relâches où les marchandises convergent de tous les points, ces embarcations n'auraient plus à compter sur un chargement de retour. »

« Le négociant ne pourrait plus profiter de cette affluence et de cette concentration de navires propres à chacune des sections fluviales et pourvus de patrons d'une moralité et d'une expérience éprouvées. »

« On suppose que la relâche forcée rend les expéditions onéreuses et on se récrie particulièrement contre les frais de commission qu'elle entraîne. Cette objection, si elle était juste, ne serait pas assez grave pour faire supprimer une institution notoirement bienfaisante; il est vraisemblable que les transports libres coûteraient encore plus cher s'ils étaient exposés à l'arbitraire des commissionnaires et des bateliers, ainsi qu'aux arrêts et aux avaries inséparables d'une longue navigation sans contrôle. »

« On se persuade qu'en laissant à la volonté de chacun de se servir des lieux de relâche, l'on pourrait néanmoins organiser une police de navigation.

Ce serait une de ces demi-mesures qui porterait l'anarchie à son comble. On dit bien : » S'il n'est pas » douteux que les stations sont bonnes en elles-mêmes, » qu'on y trouve toutes les facilités auxquelles le com- » merce peut prétendre, pourquoi les prescrire comme » une règle obligatoire? Chacun en profiterait sans » y être contraint. » Mais cet argument n'est que spécieux : l'intérêt privé, la spéculation dans son désir de s'attirer le plus de commissions possible, ne se préoccuperaient guère du bien général. Les tentatives que fait la ville de Francfort pour se soustraire à la loi commune, laissent prévoir ce qui adviendrait sous l'empire de la liberté : les uns pratiquant les relâches, les autres s'en abstenant, le plus grand désordre s'ensuivrait, car il n'y aurait plus de « versements suffisants » dans les lieux de stations pour compléter aussi vite qu'auparavant la cargaison du navire désigné par son tour de rôle. « Les transports languiraient » ; « les stations seraient désertes » ; les bateliers se disperseraient; l'on ferait alors des entreprises séparées de transport ; les contrats d'assurances devenus nécessaires élèveraient d'autant les frais; une désorganisation complète serait certaine, et le commerce chercherait alors à éviter, autant que possible, la route du Rhin qui aurait perdu tout crédit. »

Cette longue citation paraîtra curieuse à plus d'un titre; elle révèle dans toute leur naïveté les appréhensions étroites de la routine, l'aveuglement des rivalités locales; car, à en juger par les termes de la proposition conciliatoire que présenta sur le même sujet l'ancien directeur général de l'octroi du Rhin, l'on ne saurait suspecter la bonne foi des députés mayençais. Ces honorables citoyens étaient fermement convaincus que la suppression des relâches forcées serait désastreuse pour la navigation rhénane; que le commerce abandonnerait sa voie séculaire, s'il n'y rencontrait plus les barrières artificielles qui lui interdisaient les expéditions directes; que le fleuve serait à jamais discrédité le jour « où les stations seraient désertes. »

Le congrès de Vienne ne parut point touché de ces alarmes. Il se rendit sans peine aux raisons qui lui furent soumises par les adversaires de l'institution féodale. Ceux-ci répliquèrent simplement : « Si les conditions de la navigabilité sont inégales et offrent parfois des dangers, il y a partout des pilotes pratiques à la disposition des navigateurs; le négociant et le conducteur sont les meilleurs juges de leurs intérêts; ils doivent pouvoir choisir librement les intermédiaires dont ils ont besoin et là où il leur convient; les relâches forcées nuisent à la libre concurrence, tout en entraînant, contrairement à l'opinion des défenseurs du privilège, des lenteurs et des frais ordinairement inutiles. »

Cependant les membres du comité de 1815, après avoir prononcé l'abolition des relâches de Cologne et de Mayence, crurent devoir user de ménagements dans les conclusions générales qu'ils soumirent sur ce point au congrès; ils proposèrent de déclarer « qu'il ne serait créé nulle part de droits nouveaux d'échelle, d'étape et de relâche forcée, et que, quant à ceux qui existaient encore, ils ne seraient conservés qu'autant que les États riverains, sans avoir égard à l'intérêt local, les trouveraient nécessaires ou utiles à la navigation et au commerce. »

Ces droits ont été partout supprimés et le régime actuel de la navigation fluviale est si contraire à leur rétablissement, que la dernière convention rhénane de 1868 n'a pas même reproduit l'article de la convention de 1831 qui les a proscrits.

§ 9.

Indépendamment des droits divers perçus dans les ports intérieurs, la navigation subissait autrefois, à l'entrée même des voies fluviales, un *péage* particulier qui présentait le caractère d'un tribut maritime analogue à celui que le Danemark avait maintenu jusque dans ces derniers temps dans le passage du Sund, en se fondant, non sur les services qu'il rendait à la marine étrangère par sa police, par ses phares et signaux, mais sur ses prérogatives de souveraineté territoriale.

Telle était notamment l'imposition que devaient acquitter les bâtiments de mer à l'embouchure de l'Elbe et du Weser.

Cette pratique, d'origine féodale, qui reposait sur des titres de concession plus ou moins réguliers, constituait en réalité une aggravation du privilège des relâches forcées, lequel n'autorisait par lui-même aucune perception proprement dite. C'est ainsi, par exemple, que la charte impériale délivrée à la ville de Stade en 1256 portait : « *Mercatores de mari venientes cum rebus suis non transeant; sed ad civitatem Stadensem una cum navibus applicent et tres aquas ibi jaceant.* » Ce texte ne légitimait en aucune façon la visite et la taxation des navires tenus en relâche forcée.

Le traité de Vienne de 1815 a posé en cette matière plusieurs principes dont on s'étonne que les puissances étrangères ne se soient point prévalues pour réclamer l'abolition pure et simple des péages en question. En vertu de l'article 114 que je citais à l'instant, il appartenait aux États riverains de décider si les relâches existantes étaient ou non utiles ou nécessaires au commerce et à la navigation. Or ces institutions, qui pour les bénéficiaires des péages n'étaient qu'un moyen, ont été partout condamnées comme contraires à l'intérêt général.

D'autre part, d'après la lettre et l'esprit des articles 108, 110 et 111, les fleuves internationaux doivent être soumis à une législation uniforme sur tout leur parcours, prescription qui, pour e système fiscal, entraîne l'application d'un seul et même tarif du point où ces fleuves deviennent navigables jusques et y compris leur embouchure.

L'on a objecté que les péages maritimes étaient absolument séparés de l'octroi fluvial et que la région côtière dans les limites de laquelle ils étaient prélevés, se trouvait en dehors de la communauté. Mais cette distinction, partout où on a cherché à l'établir, sur l'Elbe aussi bien que sur le Rhin, a été unanimement repoussée comme inconciliable avec le régime d'association introduit sur les cours d'eau conventionnels; suivant la déclaration du délégué autrichien dans la commission de Dresde en 1819, elle supposerait la dépendance de tous les associés vis-à-vis d'un seul et la faculté pour le possesseur de l'embouchure de rendre illusoires les mesures de dégrèvement résolues par les riverains supérieurs.

D'ailleurs l'équité repousse une contribution qui frappe le simple transit, c'est-à-dire, le passage de marchandises destinées à d'autres pays qu'à celui qui les grève.

Quoi qu'il en soit, les péages maritimes ont éprouvé le sort des relâches forcées avec cette différence qu'ils ont été l'objet d'un rachat plus ou moins onéreux et l'on peut dire aujourd'hui, avec le rapporteur du traité de l'Escaut du 12 mai 1863 : « Il ne sera plus désormais au pouvoir de personne de prélever ces sortes de tributs sur le libre usage des voies ouvertes par le Providence au commerce de toutes les nations. »

J'extrais des neufs paragraphes qui composent ce long chapitre le dispositif suivant :

ARTICLE PREMIER.

Des droits de navigation pourront être perçus sur les fleuves internationaux.

Ils auront uniquement pour but de couvrir les dépenses communes faites dans l'intérêt de la navigation, c'est-à-dire, d'une part, les dépenses afférentes aux travaux obligatoires mentionnés dans l'article ci-dessus (1), et d'autre part les dépenses destinées à subvenir au traitement du personnel et aux frais des établissements dépendant du service commun de la navigation.

Ces droits seront égaux pour tous les pavillons.

ARTICLE 2.

Seront considérés comme étrangers aux droits de navigation les droits de douane, d'octroi local ou de consommation, ainsi que les taxes prélevées en vertu d'un tarif public à titre de contre-prestation pour les établissements des ports, tels que grues, balances, quais et magasins que les navires auront effectivement utilisés.

ARTICLE 3.

Un budget approximatif arrêté pour une période déterminée, fixera le montant annuel des dépenses communes.

Le tarif des droits de navigation sera calculé sur ces dépenses et il sera ainsi l'objet d'une révision périodique.

(1) Voir le chap. V précédent, p. 103

ARTICLE 4.

L'on publiera annuellement un bilan sommaire des opérations des différents bureaux de perception, ainsi qu'un état indiquant la répartition et l'emploi des produits du tarif.

ARTICLE 5.

Les droits de navigation seront indépendants de la nature des chargements; ils auront pour base le tonnage indiqué par le procès-verbal officiel dont chaque bâtiment doit être muni.

L'on s'entendra sur l'application d'une règle commune de mesurage et d'une même unité de jauge pour l'évaluation de la capacité utile des bâtiments fluviaux et des bâtiments maritimes.

L'on adoptera comme unité de jauge pour les bâtiments fluviaux et maritimes le tonneau de capacité anglais, et comme mode de mesurage des bâtiments maritimes le système Moorsom, tel qu'il est décrit par le Merchant Shipping Act de 1854.

En attendant qu'un accord soit intervenu entre toutes les nations, en ce qui concerne le jaugeage des bâtiments de mer, l'on se servira, pour la perception des droits de navigation, du barème en usage sur le bas Danube.

ARTICLE 6.

Tous péages maritimes à l'embouchure des fleuves internationaux sont à jamais abolis. Il en est de même des droit d'étape, d'échelle, de relâche forcée, comme de tout privilège exclusif de navigation.

VII

DES DOUANES RIVERAINES ET DES PORTS FRANCS

§ 1.

Parmi les nombreuses restrictions apportées à l'exercice de la souveraineté territoriale sur les fleuves internationaux, il n'en est aucune qui soit plus formelle et plus apparente que celle qui se rapporte à l'action des douanes riveraines : « Les douanes, dit l'article 115 du traité de Vienne, n'auront rien de commun avec les droits de navigation. On empêchera par des dispositions réglementaires que l'exercice des fonctions de douanier ne mette pas d'entrave à la navigation ; mais on surveillera par une police exacte sur la rive toute tentative des habitants de faire la contrebande à l'aide des bateliers. »

Cette clause qui développe l'article 41 de la convention franco-germanique de 1804, pourrait se traduire ainsi : les eaux d'un fleuve commun à plusieurs États seront considérées comme étant en dehors de tout système douanier ; par conséquent, les marchandises qui y seront transportées, n'auront à acquitter, tant qu'elles ne toucheront pas les rives, aucun droit d'entrée, de sortie et de transit et elles seront ainsi exemptes des diverses formalités destinées à assurer les perceptions prescrites aux frontières de chaque État. En d'autres termes, et selon la formule concise que donne une convention récente (1), « les lignes douanières suivront partout les rives du fleuve, *sans jamais le traverser.* »

A ce point de vue, une voie d'eau internationale serait pour ainsi dire un domaine neutre sur lequel le commerce devrait jouir d'immunités analogues à celles que lui assure tout port franc.

Cependant, dans la pratique, l'on a cru pouvoir user à l'égard du trafic fluvial de certaines précautions qui, sans porter atteinte au principe essentiel de l'article 115, ont pour effet d'en concilier l'application avec les légitimes exigences de la police douanière.

La procédure qui règle les rapports de la navigation avec les douanes riveraines sur les principaux fleuves européens, peut se résumer ainsi : tout capitaine ou patron doit être muni d'un manifeste indiquant la nature, la provenance et la destination de ses marchandises ; celles-ci peuvent être visitées à chaque bureau d'octroi, surtout en cas de soupçon de fraude. Lorsque le capitaine ou patron se présente à la frontière du pays où sa cargaison doit

(1) Convention du Pruth de 1866.

être déchargée, c'est au premier bureau de douane qu'il accomplit les formalités prévues par la législation locale. Lorsqu'il arrive à la frontière de l'État où il a pris sa cargaison, il fait sa déclaration d'exportation à la douane limitrophe.

Quant au transit, l'on distingue entre les sections fluviales dont les rives appartiennent à différents territoires et celles qui ne dépendent que d'une seule souveraineté. Sur les premières et lorsque les riverains de droite et de gauche n'ont point confondu leur système douanier, les capitaines ne subissent d'autre contrôle que celui résultant de l'examen facultatif du manifeste et de la cargaison aux bureaux d'octroi. Sur les secondes, l'on plombe les écoutilles des bâtiments ou l'on place un gardien à bord.

A part ces mesures, le transit direct est absolument libre, c'est-à-dire que toute marchandise peut traverser le territoire fluvial d'un État, quelle que soit la législation de cet État relativement à l'importation, à l'exportation et au transit.

Telles sont les règles adoptées sur l'Elbe, sur le Weser et sur le Rhin. Il y a lieu toutefois de remarquer que sur ces trois cours d'eau, les bâtiments de mer ne dépassant pas la région maritime proprement dite, les dispositions restrictives qui concernent le transit ne leur sont point appliquées. Ainsi ils n'ont pas à produire de manifeste, ni à subir de visite sur l'Elbe et sur le Weser, parce qu'ils sont dans l'impossibilité d'atteindre les premiers bureaux d'octroi où ce double contrôle devrait avoir lieu, c'est-à-dire le bureau situé en aval de Lauenbourg sur l'Elbe et celui de Brême sur le Weser.

Quant au Rhin, les bâtiments de mer ne fréquentent en général que la partie hollandaise où ils déchargent ou prennent leur cargaison. Ceux qui exceptionnellement passent de la mer dans le Rhin et réciproquement, sans décharger ou charger leurs marchandises en Hollande, sont soumis au plombage ou à la garde d'un douanier.

Il importe en outre de ne pas perdre de vue que si la douane riveraine peut réclamer le manifeste et visiter la cargaison en dehors du pays auquel cette cargaison est destinée, et cela sur les sections fluviales communes, cette faculté n'existe qu'au bureau de l'octroi de navigation et elle se rattache au fait que le bâtiment est obligé d'*aborder* à la rive pour s'acquitter de cet octroi. Le capitaine n'est point *arrêté* dans son intercourse pour avoir à se légitimer vis-à-vis de la douane; il suspend lui-même son voyage, afin de remplir une obligation réglementaire et le contrôle douanier n'est en quelque sorte qu'accidentel, c'est-à-dire que le navire *en serait affranchi*, comme il l'est effectivement ailleurs, s'il n'y avait pas de bureau d'octroi.

D'un autre côté, la disposition qui prescrit à tout batelier de se constituer en douane dès son entrée dans le pays de destination, ne saurait non plus être considérée comme une entrave sérieuse à la circulation fluviale, puisqu'il s'acquitte à la frontière des formalités auxquelles il aurait inévitablement à satisfaire au port de déchargement.

Mais n'est-il pas permis de critiquer comme une évidente dérogation à la loi conventionnelle formulée par l'article 115, les mesures qui sur certaines sections non communes, limitent la liberté des expéditions en transit? Cette question mérite qu'on la discute, ou plutôt il suffit d'en poser les termes pour la résoudre.

Sur les parties d'un fleuve qui *sépare* deux ou plusieurs États, chaque rive est déjà gardée, comme toute frontière, par un cordon douanier et la surveillance prévue par l'article 115 peut s'y exercer facilement. Il n'en est pas de même sur les sections où la voie *traverse* un État et forme partie intégrante de son territoire douanier. Pour y observer strictement les prescriptions du traité de Vienne, l'on devrait établir deux lignes de douanes parallèles, organisation compliquée qui, dans certains cas, porterait le trouble dans les relations du commerce intérieur, tout en nécessitant souvent des dépenses disproportionnées au revenu qu'il s'agirait de protéger. Telle serait, par exemple, la situation de l'Autriche-Hongrie qui aurait à garnir ses deux rives danubiennes sur un développement de 179 milles allemands. Il n'est pas de puissance qui consente à faire un pareil sacrifice à la communauté riveraine et il semble que l'on ne puisse sérieusement y prétendre.

L'on a donc dû parer au danger de la contrebande par des moyens plus simples et sans recourir aux nombreuses précautions usitées à l'égard du transit, telles que les soumissions cautionnées et les vérifications détaillées de la marchandise, tant à l'entrée qu'à la sortie; l'on s'est contenté du plombage et de la présence à bord d'un employé douanier.

Quoique adoptée sur la plupart des fleuves internationaux, cette procédure conciliante n'a pas obtenu l'adhésion des États riverains du Danube. Par l'article 22 de la convention de Vienne de 1857, les capitaines ou patrons auraient été « absolument soumis aux règlements qui, dans chaque État, sont destinés à assurer l'application du tarif des douanes et à prévenir la contrebande. » C'était supprimer d'un coup les immunités par lesquelles le congrès de 1815 avait entendu faciliter le passage des navires à travers les différents pays riverains. Une pareille rigueur n'était pas seulement en contradiction avec l'article 115 du traité de Vienne; elle pouvait entraîner la ruine du commerce de transit; car il dépendait de chaque gouvernement d'interdire le transport sur le Danube des marchandises que sa législation frappe de prohibition ou qu'elle réserve au monopole. Aussi en prenant acte de la convention de 1857, les signataires du traité de Paris de 1856 se sont-ils refusés à souscrire au principe consacré par l'article 22.

L'établissement de deux lignes de douanes parallèles sur les sections fluviales qui appartiennent à un seul État, peut répondre parfois à certaines convenances locales, notamment quand ces sections sont de peu d'étendue ; c'est ainsi que l'Autriche-Hongrie a introduit ce système sur le haut Pruth, tandis qu'elle l'a repoussé sur le Danube.

J'ai cherché dans les articles suivants à maintenir la règle libérale qui régit cette matière, tout en adoptant, comme facultatif, le tempérament que semble justifier la position d'un État riverain dont le fleuve *traverse* le territoire.

ARTICLE PREMIER.

Sauf l'exception énoncée à l'article 4 ci-dessous, les États riverains n'ont la faculté d'imposer des droits de douane aux marchandises transportées sur le fleuve, qu'autant que ces marchandises quittan la voie navigable, sont introduites dans le territoire de ces États.

ARTICLE 2.

Sans préjudice des cas de force majeure, les navires ne peuvent décharger leur cargaison en tout ou en partie que dans les ports et autres lieux riverains pourvus d'un bureau de douane.

ARTICLE 3.

Muni de ses papiers réglementaires, un navire en cours de voyage ne peut être arrêté nulle part et sous aucun prétexte par les préposés des douanes riveraines, lorsqu'il traverse les sections du fleuve dont les rives appartiennent à des États ou à des territoires douaniers différents.

ARTICLE 4.

Lorsqu'un navire entre dans une section fluviale dont les deux rives dépendent d'un seul État ou d'un même territoire douanier et si ladite section n'a point été isolée au moyen de deux lignes douanières, le capitaine ou patron est tenu de se présenter à la douane frontière de cet État ou de ce territoire. Il y acquitte les droits prévus par le tarif local pour les marchandises destinées à l'importation.

Quant aux marchandises de transit, elles sont assujetties au plombage ou surveillées jusqu'à l'autre frontière par un agent douanier.

ARTICLE 5.

Sauf ces dernières formalités, le transit sur les fleuves internationaux est absolument libre pour les marchandises de toutes les nations, quelles que soient leur provenance, leur nature et leur destination.

§ 2.

Les fleuves ne sont régulièrement accessibles aux bâtiments de mer que sur une certaine région de leur parcours inférieur. Au point où s'arrête la navigation maritime et où commence la navigation fluviale proprement dite, un transbordement s'opère ou bien les marchandises sont momentanément recueillies dans des magasins publics pour en être réexportées sans payer de droits ou pour n'acquitter ces droits qu'au moment de leur introduction définitive dans l'intérieur du pays. Telles sont les facilités qu'offrent au commerce Rotterdam sur le Rhin, Anvers sur l'Escaut, Hambourg sur l'Elbe, Stettin sur l'Oder, Brême sur le Weser, Dantzig sur la Vistule, Galatz-Braïla sur le Danube.

Cependant, à mesure que l'on remonte un cours d'eau, la profondeur diminue et l'on est obligé d'employer des navires d'un plus faible échantillon. Il se produit ainsi sur les sections supérieures des nécessités analogues à celles auxquelles répondent les ports francs ou les entrepôts situés à la limite de la région maritime. Enfin des obstacles naturels, tels que chutes et bancs de rochers peuvent également interrompre les navires dans leur trajet intérieur et occasionner de nouveaux transbordements.

L'intérêt du commerce et de la navigation sur les grandes artères fluviales exige donc impérieusement que, de distance en distance, des ports soient ouverts et pourvus de tous les établissements propres à faciliter le déchargement, le dépôt et la réexportation des marchandises, sans que celles-ci soient soumises au tarif douanier.

Il a été donné satisfaction à ce besoin sur tous les courants internationaux et les règlements qu leur sont applicables prescrivent la création de ports francs dans chaque État riverain.

L'article suivant ne fait donc que consacrer un usage général.

ARTICLE PREMIER.

Il sera créé un ou plusieurs ports francs ou entrepôts libres dans chaque État riverain.

VIII

DES QUARANTAINES

De tout temps les nations se sont réciproquement reconnu le droit de prendre sur leurs frontières maritimes et terrestres certaines mesures de précaution destinées à les préserver des maladies épidémiques réputées contagieuses. Inspiré par la terreur ou fondé sur des hypothèses plus ou moins gratuites, le système des quarantaines était autrefois aussi redoutable pour les personnes que préjudiciable aux transactions commerciales. Depuis un certain nombre d'années, la discussion des faits a généralement démontré ce qu'il avait d'excessif et parfois même de contradictoire et l'on semble disposé aujourd'hui, sinon à supprimer toute surveillance sanitaire, du moins à renoncer à cette procédure minutieuse qui constitue la quarantaine de rigueur par opposition à la quarantaine de simple observation.

Bien des savants nient le caractère contagieux des maladies dont on prétend empêcher la propagation; ils nient surtout l'efficacité des moyens prophylactiques employés contre elles, et c'est en Angleterre, première puissance maritime, si cruellement éprouvée elle-même par les ravages de la peste, que cette opinion a trouvé ses défenseurs les plus nombreux et les plus convaincus.

Il est constant que depuis que la police sanitaire s'est montrée plus tolérante, les épidémies n'ont point été plus fréquentes en Europe, et que, de jour en jour, le fait de l'importation devient de plus en plus problématique.

C'est la navigation fluviale surtout qui bénéficiera de cette expérience, en voyant désormais se restreindre *aux seules embouchures* le contrôle qu'elle subissait autrefois dans les ports *intérieurs*; elle s'exerce en effet dans des conditions particulières qui ne permettent point de l'assimiler à la navigation maritime, qui tendent au contraire à lui assurer le traitement dont jouissent toutes les industries de transport sur les voies de communication terrestres, telles que chaussées et chemins de fer.

Le Danube, qui, par la direction orientale de son cours, semble plus exposé que tout autre fleuve européen aux invasions épidémiques, offre l'exemple le plus curieux de l'aveugle préoccupation qui présidait autrefois aux pratiques quarantenaires. Il y peu d'années encore, la Turquie, la Moldavie, la Valachie, la Servie et même la Russie prétendaient l'isoler par des cordons riverains qui reliaient entre elles les principales localités limitrophes. La Moldavie et la Valachie seules comptaient le long de la rive gauche, indépendamment de douze lazarets pourvus chacun d'un directeur, d'un médecin, d'une sage-femme et d'un interprète, deux cent trente-deux piquets desservis par 464 soldats et 1400 paysans. Ce service, dont un chapitre du statut de 1831 réglait en détail l'organisation, constituait l'une des branches les plus importantes de l'administration publique; il avait à sa tête un comité dirigeant composé du ministre de l'intérieur, d'un inspecteur général, de l'aga de la police et d'un médecin en chef.

En aval, la Russie occupait la rive gauche de la Soulina par des postes répartis de kilomètre en kilomètre, et, de son côté, la Turquie surveillait par des dispositions analogues toute la rive droite depuis Toultcha jusqu'à la frontière de Servie.

Ce régime, source d'arbitraire et de vexations continuelles, était devenu tellement intolérable qu'en 1855, lors des conférences de Vienne, l'une des premières conditions posées à la Russie par les puissances alliées eut pour objet la suppression du cordon quarantenaire de la Soulina, établissement jugé incompatible avec la libre navigation (1). Cette mesure spéciale devait naturellement entraîner la désorganisation de tout l'appareil sanitaire moldo-valaque et c'est ainsi qu'aujourd'hui la plu-

(1) Protocoles IV, V de Vienne de 1855.

part des lazarets danubiens sont en ruine, sans que la santé publique paraisse avoir souffert de leur abandon.

S'imagine-t-on en effet qu'il soit possible, en temps d'épidémie, d'empêcher toute communication d'un navire avec la terre, d'un port fluvial à l'autre, de la rive droite avec la rive gauche et l'isolement complet, en supposant qu'il soit praticable le long d'un cours d'eau intérieur, serait-il une garantie sérieuse contre la propagation du fléau? Il est permis de douter de son efficacité contre le choléra. Que cette maladie soit contagieuse ou non et les contagionnistes sont obligés de convenir qu'elle n'a cette propriété qu'à un très faible degré, il est reconnu que sa marche est essentiellement irrégulière et que loin de se développer de proche en proche comme une affection essentiellement transmissible, elle apparaît dans une localité, puis dans une autre, en épargnant dans l'intervalle des populations entières. Si les montagnes, les forêts, les steppes, n'en arrêtent pas les progrès, comment supposer qu'elle respecte les quarantaines les plus vigilantes établies sur les rives d'un fleuve ou sur toute autre frontière naturelle ou convenue?

Quant à la fièvre jaune, qui, en général, meurt là où elle est née, elle n'appartient presque exclusivement qu'au continent américain et à quelques points de la côte occidentale d'Afrique. L'on s'accorde d'ailleurs à la ranger dans la catégorie des épidémies non contagieuses.

Tel paraît être le cas de la peste dont l'introduction par le contact de vêtements ou de peaux infectés, est désormais reléguée dans le domaine de la fable (1).

Quoi qu'il en soit et même en admettant que le choléra, la fièvre jaune et la peste soient, à des degrés différents, des maladies contagieuses, l'expérience, comme la raison, indique qu'une distinction doit être faite sous le rapport des précautions sanitaires, entre un fleuve et la mer, que tandis qu'une côte est susceptible d'un isolement absolu vis-à-vis des bâtiments infectés ou suspects, cette séparation ne peut être rigoureusement maintenue sur le parcours d'une voie fluviale et que l'intérêt de la santé publique dans les pays riverains d'une telle voie serait plus sûrement sauvegardé si, renonçant à tout contrôle local et indépendant, les gouvernements de ces pays s'entendaient pour établir à l'embouchure, et sur ce point seulement, une quarantaine placée *sous leur direction collective*.

Tel est le point de vue adopté dans les dispositions suivantes (2) :

ARTICLE PREMIER.

Un établissement quarantenaire sera créé à l'embouchure des fleuves communs à plusieurs

(1) Académie des sciences du 17 février 1879.

(2) Il ne saurait s'agir ici des épizooties qui se produisent partout, que l'on peut circonscrire et dont la surveillance ne peut qu'exceptionnellement intéresser la navigation fluviale.

États et fonctionnera sous la direction collective de ces États.

Il exercera son contrôle sur les bâtiments, tant à l'entrée qu'à la sortie.

Aucun contrôle sanitaire ne sera exercé sur les bâtiments dans le cours de leur navigation fluviale.

IX

NEUTRALITÉ

DANS SON APPLICATION A LA NAVIGATION INTÉRIEURE

---

§ 1.

La guerre n'entraîne point par elle-même l'annulation des traités conclus par les belligérants en temps de paix; elle n'a pas non plus pour conséquence nécessaire la suspension de ces traités, surtout lorsqu'ils sont étrangers aux faits qui divisent les États ennemis.

Ces principes que professent aujourd'hui tous les gouvernements civilisés, devraient, dans la plupart des cas, assurer le respect des conventions collectives sur lesquelles reposent les communautés fluviales, car l'affranchissement des grands cours d'eau intérieurs intéresse toutes les nations maritimes et commerçantes et constitue par les actes solennels qui l'ont proclamé, une véritable loi européenne.

Le régime exceptionnel de la navigation sur les fleuves internationaux a plus d'une fois suggéré l'idée de dispositions spéciales destinées à garantir la batellerie contre les entraves qu'elle pourrait éprouver par suite d'hostilités engagées entre États riverains.

Déjà en 1804, la France et l'empire germanique étaient convenus que si la paix venait à être rompue, « le prélèvement de l'octroi n'en continuerait pas moins régulièrement ; que les personnes et les embarcations attachées à l'administration de cet octroi seraient traitées comme neutres et que l'on donnerait des sauvegardes aux caisses publiques et aux bureaux de perception. »

Au congrès de Vienne, M. le baron de Humboldt fut d'avis de renouveler ces engagements, mais en y ajoutant la déclaration quelque peu évasive « que les belligérants auraient à respecter la liberté de la navigation, autant que cela serait compatible avec les opérations militaires. » M. le duc de Dalberg insista pour que l'on reproduisît simplement le texte de 1804, sauf à y apporter les changements de forme nécessités par les circonstances, et son opinion prévalut. Néanmoins, ni le traité principal de 1815, ni les règlements y annexés ne font mention de cet accord, et ce n'est que seize ans plus tard que l'on en retrouve la trace dans l'article 108 de la convention signée à Mayence entre les États rhénans. L'article 108, tiré tout entier de l'acte franco-germanique de 1804 que je viens de citer, manque évidemment de précision, car le droit de naviguer en temps de guerre ne résulte qu'implicitement du fait que l'octroi continuera à être perçu.

Cependant, au début de la guerre austro-prussienne de 1866 à laquelle prirent part quatre États riverains du Rhin, l'autorité de Coblence interprétant la convention de 1831 dans un sens libéral, annonça que les bâtiments de commerce pourraient continuer à circuler sur le fleuve, pourvu qu'ils se soumissent au contrôle des commandants militaires. Cette notification, il est vrai, resta lettre morte et c'est en rappelant les violences réciproques des belligérants qu'en 1868 la Hollande fut d'avis de reconnaître d'une manière générale le principe de la neutralisation de la navigation du Rhin. La commission centrale de Mannheim, occupée alors de la révision de la convention de 1831, ne se crut pas autorisée à traiter cette question qui fut écartée du nouveau règlement.

Le cas de guerre a été expressément prévu dans deux autres transactions fluviales européennes, celles qui concernent le Douro et le Danube. Le 23 mai 1840, l'Espagne et le Portugal ont stipulé « qu'il ne pourrait être mis embargo, ni exercé de confiscation sur les barques et les objets déposés ou transportés par le Douro jusqu'au moment de la déclaration de guerre, qu'il en serait de même pour les édifices à l'usage de la navigation et à la perception des droits, que l'on respecterait aussi religieusement les personnes employées dans la navigation, ainsi que toute propriété particulière qui se trouverait dans le cas de cet article (art. 12). »

Cet arrangement, plus formel à certains égards que les anciennes conventions rhénanes, ne permet pas, comme celles-ci, de conclure au maintien de la liberté de navigation en temps de guerre. Il en est de même de la clause suivante relative au bas Danube : « Les ouvrages et établissements de toute nature créés par la Commission européenne ou par l'autorité qui lui succédera en exécution de l'article 16 du traité de Paris du 31 mars 1856, notamment la caisse de Soulina, jouiront de la neutralité stipulée dans l'article 11 dudit traité et seront, en cas de guerre, également respectés par les belligérants. Le bénéfice de cette neutralité s'étendra avec les obligations qui en dérivent, à l'inspecteur général de la navigation, à l'administration du port de Soulina, au personnel de la caisse de navigation et de l'hôpital de la marine, enfin au personnel technique chargé de la surveillance des travaux (1). »

Sur les fleuves américains, le principe de la neutralité a été reconnu en termes moins restrictifs. Ainsi le traité conclu en 1853 entre la confédération argentine et les États-Unis, l'Angleterre et la France, dispose que dans le cas où la guerre éclaterait entre quelques-uns des États limitrophes du Rio de la Plata, la navigation du Parana et de l'Uraguay resterait libre pour tous les pavillons. La

(1) Art. 21 de l'Acte Public signé à Galatz, le 2 novembre 1865.

contrebande de guerre est naturellement prohibée.

En dehors des voies naturelles que l'on a entendu préserver plus ou moins complètement en temps de guerre, l'on peut citer l'exemple d'une voie artificielle qu'il a été souvent question de neutraliser. L'acte de concession du percement de l'isthme du Suez a énoncé d'une manière générale « que le canal et les ports en dépendant seraient considérés comme passages neutres ouverts à tous navires sans aucune distinction, exclusion, ni préférence de personnes et de nationalité. » Mais il semble que les États maritimes ne puissent invoquer cette clause comme un titre attributif de droits absolus, car elle n'a pas le caractère public d'une convention internationale. C'est afin de lui conférer cette autorité qu'en 1877, pendant la guerre turco-russe, le président de la société de l'isthme de Suez a proposé à l'Angleterre et par son entremise aux puissances intéressées, « de convenir que la liberté du canal serait assurée à tous navires de l'État ou du commerce, quel que soit son pavillon et sans aucune exception, avec cette réserve que les navires d'État seraient soumis aux mesures que pourrait prendre l'autorité territoriale dans le but d'empêcher le débarquement sur le sol égyptien de troupes et de munitions de guerre. » Le gouvernement britannique, sans vouloir spécifier la nature de ses « objections politiques et pratiques », refusa son adhésion au projet de M. de Lesseps, mais il en prit occasion pour informer la Russie, la Sublime Porte et l'Égypte qu'il se croirait obligé de réagir contre toute tentative de blocus ou d'entrave dirigée contre la navigation du canal.

En dernier lieu, un contrat a été passé entre la Confédération colombienne et la société du percement de l'isthme de Darien, d'après lequel les navires de commerce pourront traverser en tout temps le canal interocéanique et l'exception qui concerne les bâtiments de guerre ne s'appliquera pas aux puissances qui auront garanti par traité la neutralité de la nouvelle voie et la souveraineté de la Colombie sur le territoire qui fait l'objet de la concession. Cette disposition rappelle celle du traité Clayton-Bulwer applicable au canal projeté à travers le Nicaragua et qui portait : « Aucun navire ne pourra être poursuivi, ni molesté par l'ennemi dans le cours de sa navigation. On ne pourra même lui enlever sa contrebande de guerre, attendu qu'il faudrait à cet effet employer la force, ce qui serait contraire au but du traité. »

Tels sont, si l'on ne se trompe, les seuls exemples de neutralité qu'offre la législation des fleuves et canaux livrés ou destinés à l'exploitation internationale. Ceux qui concernent les cours d'eau européens démontrent avec quelle timidité l'on a abordé le règlement de ce point délicat et à quelles garanties nouvelles il faudrait recourir pour protéger efficacement la navigation intérieure.

§ 2.

Dans le courant des mois d'avril et de mai 1877, c'est-à-dire aux débuts des hostilités qui ont eu pour théâtre la région occidentale des Balkans, la Russie, la Turquie et à leur suite la Roumanie ont successivement et par voie de notifications officielles interdit toute navigation sur le Danube, sans faire de distinction entre le pavillon neutre et le pavillon ennemi. Cette mesure absolue contre laquelle les traités danubiens de 1856 et de 1865 ne permettaient pas de protester, était en elle-même exorbitante, car tout en portant à la marine et au commerce des seize États exploitant le fleuve, un préjudice qu'aucune nécessité impérieuse n'excusait, elle suspendait brusquement l'exercice des libertés conventionnelles dont ces États jouissaient depuis de longues années sous la sauvegarde de l'Europe.

D'ailleurs la Russie avait singulièrement aggravé sa responsabilité vis-à-vis des puissances signataires du traité de Paris de 1856, par la sanction qu'elle avait cru pouvoir donner à l'ordre d'exclusion des bâtiments étrangers. L'on se rappelle en effet qu'au commencement du mois de juillet 1877, l'état major impérial faisait couler dans la passe de Soulina trois navires chargés de pierres, c'est-à-dire que, de propos délibéré, il détériorait la voie sur laquelle la Commission européenne siégeant à Galatz avait concentré pendant vingt ans toute son activité.

Si de pareils procédés devaient être subis sans conteste, si l'interdit qui a frappé inopinément les pavillons fréquentant le Danube, s'imposait comme norme dans des conjonctures analogues, une grave atteinte serait portée à l'autorité des principes libéraux dont s'honorent deux grands congrès modernes et, par l'effet d'un consentement tacite universel, le droit public, bien loin de consacrer un nouveau progrès dans les relations internationales, semblerait légitimer une pratique violente que l'usage tendait à proscrire.

Aussi reconnaîtra-t-on sans doute l'opportunité d'une entente européenne en vertu de laquelle la règle protectrice établie sur le Rhin, au commencement de ce siècle, serait généralisée et développée suivant les exigences actuelles du commerce qui lie entre eux les peuples civilisés.

Il ne s'agirait point de *neutraliser* les fleuves communs et par conséquent de défendre toute opération de guerre sur leur parcours. Une telle stipulation que l'on ne saurait appuyer d'aucun précédent serait d'une valeur contestable, si les territoires riverains n'étaient eux-mêmes neutralisés. Non seulement le domaine fluvial proprement dit ne pourrait être délimité d'une manière fixe et définitive, mais il est à supposer que par son peu de largeur, il serait une défense illusoire.

Deux belligérants respectent en général la zone qui les sépare, lorsqu'ils ont conclu un armistice ou une trêve et néanmoins dans ce cas particulier, leur isolement *temporaire* est assez complet pour que chaque armée soit soustraite à la vue et aux projectiles de l'autre. Une simple voie fluviale dont on voudrait faire *pour toujours* une barrière inviolable entre deux ou plusieurs États voisins, serait une garantie d'autant moins sérieuse que l'écartement des rives ne dépasse pas d'ordinaire la portée du canon.

Le cabinet de Vienne s'est sans doute rendu à cette évidence lorsqu'en 1855, c'est-à-dire à une époque où la Soulina était encore aux mains de la Russie, il a proposé de neutraliser non seulement cette branche du fleuve, mais encore les deux grandes îles latérales qui forment le delta.

D'ailleurs, insuffisante en elle-même, si elle se réduisait au cours d'eau, la neutralisation fluviale appliquée en même temps à une surface riveraine plus ou moins vaste, ne serait pas, cela va sans dire, une condition indispensable de la liberté que l'on entendrait ménager à la navigation; cette liberté peut se concilier avec l'état de guerre.

L'expérience acquise pendant la campagne russo-turque de 1877, comme aussi la prudence que commande toute innovation ou toute réforme internationale, tendrait à justifier une seconde et importante distinction.

En tenant compte du caractère exceptionnel des

lois qui président au régime des fleuves communs, l'on serait tenté de reconnaître le droit de libre circulation, aussi bien aux pavillons ennemis qu'aux pavillons neutres. Mais il est vraisemblable que cette latitude rencontrerait dans le cours des opérations militaires de graves difficultés. Et comme du reste ce sont les intérêts des neutres que l'on vise particulièrement à sauvegarder, il paraît naturel de laisser peser toutes les conséquences de la guerre sur ceux qui l'ont entreprise.

C'est sous le bénéfice de ces considérations que je crois pouvoir proposer les six articles ci-après :

ARTICLE PREMIER.

La navigation sur les fleuves internationaux restera libre en temps de guerre pour les pavillons des puissances non belligérantes.

ARTICLE 2.

Tous les ouvrages et établissements fluviaux de quelque nature qu'ils soient, notamment les bureaux de perception et leurs caisses, et de même le personnel administratif, technique et judiciaire dépendant d'une manière permanente du service de la navigation, jouiront des bénéfices de la neutralité et seront également respectés et protégés par les belligérants.

ARTICLE 3.

Un pavillon spécial sera placé sur les ouvrages

et établissements ci-dessus spécifiés, et le personnel administratif, technique et judiciaire portera un signe particulier uniforme indiquant son caractère et sa fonction.

Ce pavillon et ce signe devront assurer l'inviolabilité auxdits ouvrages et établissements comme audit personnel.

Article 4.

Les marchandises transportées sur les fleuves internationaux sous pavillon neutre seront insaisissables dans les eaux et ports de ces fleuves, sans distinction entre la propriété neutre et la propriété ennemie.

Article 5.

La contrebande de guerre sera exclue du bénéfice de l'article précédent, les belligérants ayant le droit de visite dans le rayon des hostilités.

Article 6.

Les bâtiments neutres auront accès dans tous les ports du fleuve, sauf dans les ports réellement bloqués.

X

DES AUTORITÉS ADMINISTRATIVES, JUDICIAIRES ET TECHNIQUES

SUR LES FLEUVES INTERNATIONAUX

Il a été longuement discuté au sein de la commission déléguée par le congrès de Vienne, sur l'institution d'une autorité mixte qui représenterait les intérêts du *condominium* fluvial. L'on était alors en présence de combinaisons diverses qui accusaient autant de prétentions que de méfiances mutuelles et que chacun à son point de vue défendait avec une égale jalousie. Sous l'empire de la convention de 1804, l'administration préposée à la navigation du Rhin jouissait de pouvoirs très étendus. Elle était confiée à un directeur général qui, à certains égards, réunissait dans ses mains le mandat législatif et exécutif. Cette centralisation exceptionnelle se justifiait par le désordre et la confusion qui régnaient dans les différentes branches des services publics, sous l'action de plus en plus arbitraire des municipalités riveraines; elle avait aussi sa raison d'être dans le fait que le prince archichancelier exerçait les pouvoirs des souverains de la rive droite et que la réglementation rhénane ne dépendait ainsi que de deux gouvernements.

En 1814 et 1815, lorsque les anciens États limitrophes du Rhin furent remis en possession de leurs droits, l'une des premières exigences qu'ils produisirent dans l'assemblée de Vienne eut pour objet l'attribution à chacun d'eux des principaux services gérés jusqu'alors par la direction générale, c'est-à-dire la perception de l'octroi et l'entretien de la voie d'eau et de ses rives. Dans ces conditions, l'établissement de 1804 devait subir de profondes modifications. Nul sans doute ne contestait la nécessité d'un organe commun, d'une « centralité quelconque », ainsi que le disait le baron de Humboldt; mais chacun pensait à son autonomie et les États faibles montraient tout le prix qu'ils attachaient à la reconnaissance par les États plus puissants du principe de l'égalité représentative.

L'organisation nouvelle fut le résultat de cette double tendance et participa sous plus d'un rapport du vague qui caractérise en général toute transaction. Cependant il est permis d'affirmer que la réaction décentralisatrice eut le dessus.

Ce n'est point à dire que l'œuvre à laquelle ont particulièrement concouru les plénipotentiaires de Prusse et de Bade fût défectueuse en elle-même, et qu'elle méritât toutes les critiques qui l'accueillirent de ce côté du Rhin. Loin de là. Une longue expérience a démontré qu'elle donnait une suffisante satisfaction aux intérêts généraux, quelque étroites que fussent les limites assignées à l'activité des deux autorités appelées à remplacer désormais le pouvoir unique fondé en 1804.

Je résume ainsi l'économie du projet arrêté dans la conférence du 24 mars 1815 et adopté par le congrès :

Il est institué une commission dans laquelle chaque État riverain est représenté par un seul délégué, quelle que soit l'importance de ses possessions riveraines. Ses sessions sont annuelles. Sous les ordres de cette autorité syndicale, qui a un caractère essentiellement délibératif, fonctionne d'une manière permanente un inspecteur en chef dont l'action s'étend sur tout le cours du fleuve et auquel sont subordonnés plusieurs inspecteurs répartis sur les diverses régions de son ressort.

Les délégués riverains constitués en commission se font rendre compte de l'administration fluviale, arrêtent les mesures propres à favoriser le développement de la navigation et du commerce et recueillent dans un rapport destiné à la publicité toutes les données utiles relatives à l'état de la voie d'eau, à son trafic annuel, etc., etc. Ils peuvent se mettre en relation directe avec les autorités locales qui leur doivent obéissance, à moins d'objection majeure, auquel cas elles en réfèrent à leurs gouvernements.

Les décisions de la commission sont prises à la majorité absolue des voix; mais elles ne sont pas obligatoires pour les États qui n'y ont point expressément adhéré.

Un président, qui, sans autre prérogative, dirige les délibérations, est élu par la voie du sort à l'ouverture de chaque session; il est changé de mois en mois. Un autre membre de la commission, sur le choix duquel aucune règle n'est prescrite, tient le protocole. Les traitements des commissaires sont à la charge de leurs commettants.

L'inspecteur en chef qui remplace l'ancien directeur, mais dont le cercle d'action est beaucoup plus restreint, est chargé de veiller à l'application du règlement et à la police de la navigation, tout en s'appliquant à maintenir la plus grande uniformité dans les différents services fluviaux; il a en conséquence le droit d'adresser des ordres directs aux bureaux de perception et aux autorités locales. Celles-ci, en cas de doute sur sa compétence, avisent l'autorité territoriale supérieure.

L'inspecteur en chef est nommé par la commission d'après un nombre idéal de voix proportionné à l'étendue respective des domaines riverains et son traitement est payé par la communauté.

Les simples inspecteurs sont choisis et institués par les États eux-mêmes et rétribués par eux; ils peuvent être préposés à plusieurs sections fluviales.

Des garanties particulières tendent à assurer l'indépendance de l'inspecteur en chef en sa qualité d'agent international; ses fonctions sont à vie; si, pour des raisons majeures, il y a lieu de lui retirer son mandat, ou bien on lui attribue, comme en cas de retraite par suite d'infirmités, une pension viagère égale, selon la durée de ses services, à la moitié ou au tiers de son traitement d'activité, ou bien on le défère aux tribunaux et la commission statue suivant la sentence prononcée (1).

L'ardeur décentralisatrice qui avait porté la plupart des membres du comité de 1815 à limiter la compétence du pouvoir délégué par la communauté fluviale, se produisit avec une égale entente, lors de la revision du régime judiciaire établi par la convention de 1804.

Cette convention, examinée dans son ensemble, dénote de la part de ses auteurs une constante préoccupation, celle de faciliter le mouvement des transports, en simplifiant le plus possible les formalités réglementaires. C'est ainsi, par exemple, que pour épargner aux patrons ou conducteurs les frais et les lenteurs qu'entraîne l'action ordinaire des tribunaux, les agents administratifs qui, les premiers constataient une contravention et en possédaient ainsi tous les éléments, avaient été investis du droit

(1) En 1868, la commission centrale du Rhin a supprimé l'inspectorat général qui avait utilement fonctionné pendant près de quarante ans et dont le dernier titulaire avait rendu d'éminents services à la communauté. Cette mesure paraît avoir été surtout dictée par des raisons personnelles et elle avait essentiellement pour but de ménager l'amour-propre de l'un des principaux États riverains.

de la réprimer, les délinquants pouvant d'ailleurs continuer leur voyage. Ceux-ci avaient la faculté de recourir à un conseil composé du directeur général et de ses inspecteurs et même d'en appeler devant une cour unique formée de mandataires des deux gouvernements.

En fait, cette procédure offrait toute garantie aux navigateurs. Car non seulement le chef du bureau d'octroi qui prononçait en première instance, observait toutes les formes juridiques; mais le contrôleur qui lui était adjoint fonctionnait comme procureur public et les employés chargés de la visite des embarcations étaient, dans le sens véritable, des agents du fisc qui signalaient la fraude et en poursuivaient la répression.

Cependant l'on ne pouvait dénier qu'en principe, il était contraire à toute notion de justice que le chef du bureau de l'octroi fût à la fois juge et partie, critique qui s'appliquait avec non moins de raison à la seconde instance, représentée par l'administration dont relevait directement le juge de première instance.

Aussi fut-il résolu de constituer une autorité locale indépendante de l'administration et l'on s'entendit sur les bases suivantes :

Il est créé auprès de chaque bureau d'octroi un tribunal pour connaître en première instance de toute affaire litigieuse se rattachant au règlement de la navigation. Le juge qui représente ce tribunal est entretenu aux frais de l'État qui le délègue et au nom duquel il prononce ses sentences; il s'engage par serment à observer strictement la législation fluviale et il ne peut être dépossédé de son siège qu'à la suite d'une accusation et d'une condamnation en forme. La procédure suivie devant cette première instance est fixée par le règlement; elle est uniforme pour tout le cours du fleuve et aussi sommaire que possible.

Là où un bureau de perception appartient à plus d'un État, le juge est nommé par le souverain territorial et procède en son nom; mais il est rétribué par les États associés au prorata de leurs parts dans les recettes.

Quant à la seconde instance dont les arrêts sont définitifs, les parties ont à se pourvoir soit devant la commission riveraine, lors de sa session annuelle, soit devant un tribunal supérieur désigné par chaque État dans une localité voisine de la voie fluviale. La procédure suivie en appel fait également partie du règlement de navigation.

Indépendamment des autorités administratives et judiciaires instituées pour le service de la navigation, chaque État délègue sur son parcours fluvial un ou plusieurs ingénieurs pour veiller et pourvoir à l'entretien et à l'amélioration de ce parcours. Ces agents ne relèvent ni de la commission syndicale, ni de l'inspecteur en chef.

J'ai développé et généralisé les différentes dispositions qui précèdent, dans les articles 30 à 37 du règlement qui termine ces études.

XI

DES AFFLUENTS

Le riverain d'un affluent navigable a, relativement au libre usage du fleuve dans lequel cet affluent se déverse, les mêmes droits que le riverain de ce fleuve. C'est-à-dire que ce dernier ne pourrait pas plus lui interdire l'exploitation du courant principal qui descend vers la mer ouverte, qu'il ne lui serait loisible d'user d'une pareille rigueur à l'égard d'un propre coriverain. Il n'y a rien que de naturel, par exemple, à voir la Prusse, quoique dominant sur tout le cours de l'Oder, partager le trafic fluvial avec la Russie qui ne possède qu'un embranchement de cette voie, la Wartha (1). Une telle association paraît en général d'autant moins facultative que les classifications géographiques sont souvent arbitraires et que telle masse liquide qualifiée de simple affluent pourrait être consi-

(1) Art. 2 du traité prusso-russe du $\frac{19}{7}$ décembre 1818. — Art. 4 du traité prusso-russe du $\frac{11}{27}$ mars 1825.

dérée comme la maîtresse branche et porter plus légitimement son propre nom à la mer. Il n'y a pas de différence notable entre le volume de la Moldava et celui de la partie de l'Elbe située en amont du confluent de cette rivière. Le Missouri est une fois plus étendu que le haut Mississipi (1).

La logique exigerait donc que les principes du traité de Vienne fussent déclarés applicables non seulement aux fleuves communs à plusieurs États, mais encore aux fleuves qui, n'appartenant qu'à une seule puissance, reçoivent les eaux d'un ou de plusieurs affluents navigables dépendant d'autres souverainetés.

La lettre des actes de 1815 n'autorise pas toutefois une pareille conclusion ; il y a plus : ces actes déclarent sans doute que les affluents navigables seront soumis à la même législation que le fleuve international dont ils sont tributaires et qu'ils feront en quelque sorte partie de son système conventionnel; mais ils limitent cette règle aux affluents partagés eux-mêmes entre plusieurs territoires. Cette restriction résulte formellement du passage suivant emprunté au procès-verbal de la séance du comité de 1815 en date du 18 mars : « La Lahn, affluent du Rhin, a été omise dans la nomenclature des affluents, parce qu'il est à prévoir que cette rivière *dans tout son espace navigable* reviendra au duc

(1) L'Amazone, le Jenissei, le Kiang sont d'autres exemples de cette anomalie géographique.

de Nassau et qu'en conséquence elle ne tombera pas dans la catégorie des rivières qui séparent plusieurs États et qui *seules sont du ressort du présent traité.* »

Cependant en 1830, lors des négociations de Mayence relatives à la navigation du Rhin, le commissaire de Nassau crut devoir insister pour que la Lahn figurât au nombre des affluents du Rhin admis à la réciprocité, en faisant valoir que les riverains de ce cours d'eau avaient toujours fréquenté le fleuve principal comme ceux du Necker et du Mein. Les commissaires de Prusse et des Pays-Bas repoussèrent cette prétention en objectant que le cours navigable de la Lahn n'était pas international (1).

C'est par le même motif que l'Ill, la Kinzig, la Murg, etc., ont été écartés, en 1815, du règlement du Rhin, comme s'il y avait égalité de condition entre l'État riverain exclusif d'un *fleuve* et l'État riverain exclusif d'une *rivière.* Ce dernier, à l'encontre du riverain fluvial, ne peut être isolé, confiné sur son domaine, sans que ses sujets ne soient privés de leur débouché naturel; une entente doit nécessairement intervenir entre lui et son voisin sur l'usage commun du courant intermédiaire qui communique avec le bassin maritime, et l'on ne conçoit guère pourquoi le congrès de Vienne n'a point formulé, au sujet des affluents, qu'ils soient

(1) Il paraît cependant que le duché de Nassau a fini par obtenir gain de cause en 1844.

ou non internationaux, une loi générale qui les assimilât, quant au régime conventionnel, à la grande voie maritime dans laquelle ils se déversent.

L'Autriche a rectifié sur ce point l'erreur du congrès de Vienne en ce qui concerne le Pô d'abord, puis le Danube supérieur. Le traité qu'elle a conclu avec la Bavière le 2 décembre 1851 stipule que la navigation sera libre sur ce dernier fleuve et sur ses affluents, depuis le point où ils deviennent navigables, c'est-à-dire qu'indépendamment de la Salza, de l'Inn et du Lech, qui sont communs aux deux États contractants, l'Enns, la Theiss, la Drave, exclusivement autrichiennes, l'Isar, la Wertach et le Regen exclusivement bavarois, sont soumis au même traitement que le courant principal.

La France a vainement tenté, en 1868, de faire reconnaître le même principe sur le Rhin.

La logique veut encore que ce qui est vrai des affluents susceptibles d'une exploitation régulière, le soit également des rivières navigables qui se jettent dans ces affluents. Si l'Autriche-Hongrie n'était pas riveraine de la Theiss et de la Save, elle pourrait prétendre à l'usage de ces deux cours d'eau comme riveraine de la Maros et de la Kulpa que parcourent depuis longtemps ses bateaux à vapeur.

Les règlements de 1815 ont été mis en pratique sur le Mein, sur le Necker, sur la Moselle, etc., et en dernier lieu sur le Pruth, qui a été ouvert à tous les pavillons.

Dans la convention du 7 novembre 1857 applicable au bas comme au haut Danube, aucune mention n'a été faite des affluents. L'Angleterre et la France ont réclamé contre cette omission à la conférence de Paris de 1858.

Concluons ainsi cette courte discussion :

ARTICLE PREMIER.

Les affluents navigables seront soumis à un régime conventionnel analogue à celui des fleuves internationaux dont ils sont tributaires.

L'on ne pourra faire de distinction sous ce rapport entre les affluents qui dans leur cours navigable appartiennent à une seule puissance et ceux qui dépendent de plusieurs souverainetés.

XII

DU CONTROLE DES ETATS NON RIVERAINS

SUR LE RÉGIME DES FLEUVES INTERNATIONAUX

---

§ 1er

Ainsi que je me suis appliqué à le démontrer dans l'une des études précédentes (1), les maximes fluviales, proclamées par le congrès de Vienne de 1815 et confirmées quarante ans plus tard par le congrès de Paris, ont été si diversement comprises et ont donné naissance à des transactions publiques si peu concordantes entre elles, que sur tels cours d'eau la navigation dite intérieure est réservée aux seuls indigènes, tandis que sur tels autres elle est ouverte à toutes les nations. Le système mixte qui autorise les intercourses directes des bâtiments de mer étrangers, tout en faisant du cabotage un privilège national, équivaut à peu près à l'exclusion complète des pavillons non riverains, car pour les navires spécialement affectés aux transports mari-

(1) Chapitre III.

times, les régions moyenne et supérieure des fleuves sont en général inaccessibles. Et quant à la doctrine rhénane qui se pare du mot de liberté, je crois avoir établi qu'elle est une déception, car l'égalité est refusée aux étrangers, j'entends l'égalité de plein droit et sans concessions préalablement débattues et dûment acceptées.

Il y a si peu d'entente sur la portée du droit fluvial moderne que les mêmes puissances ont parfois professé à cet égard des principes différents ou se sont ralliées à des résolutions absolument contradictoires. L'Angleterre, qui avait mis le plus d'insistance à réclamer au congrès de Vienne la liberté fluviale, a longtemps contesté aux États-Unis, c'est à dire à une puissance riveraine, le droit d'exploiter le Saint-Laurent, inconséquence d'autant plus étrange qu'à l'époque où elle possédait une faible partie du Mississipi, elle revendiquait à son profit l'ouverture de cette voie sur tout son parcours. N'a-t-elle pas d'ailleurs protesté en 1851 contre le traité conclu entre le Brésil et le Pérou qui fermait aux autres États les bouches de l'Amazone?

L'Autriche, qui s'est refusée à admettre les pavillons étrangers sur l'Elbe, qui entend n'autoriser que dans des limites très étroites leur participation à la navigation du Danube, a fait triompher le principe contraire sur le Pô et l'a même défendu à une certaine époque sur le Rhin (1).

(1) Note remise en 1825 par le ministre d'Autriche au cabinet de Bruxelles.

La Prusse qui, en toute circonstance, ne s'était point départie des réserves qu'impliquait à ses yeux la rédaction de l'article 109 du traité de 1815, n'a pas hésité à critiquer l'Autriche, qui en 1858 invoquait ces mêmes réserves pour justifier la convention danubienne de 1857 (1).

La France, qui a si activement contribué à l'affranchissement du Danube en 1856, a apposé sa signature aux actes du Rhin de 1831 et de 1868.

Pour mettre un terme à ces divergences et à ces incertitudes, ne conviendrait-il pas que les gouvernements européens s'entendissent sur une interprétation authentique et précise du droit public relatif aux fleuves internationaux, en s'engageant à soumettre la navigation de ces fleuves à un régime strictement conforme à cette commune interprétation ?

Une pareille convention, qui aurait pour effet de réaliser cette uniformité de législation dont les grandes puissances ont eu la pensée au commencement du siècle, équivaudrait à la reconnaissance formelle d'un droit de contrôle réciproque, droit qui ne serait point d'ailleurs une véritable innovation, car non seulement il existe, mais il a été réellement exercé en plus d'une circonstance.

Et en effet, sans s'arrêter à la considération que les maximes de 1815 envisagées dans leur ensemble, ont été en quelque sorte dictées par l'opinion pu-

(1) Mémoire inséré dans le Preussisches Handels-Archiv du 19 mars 1858.

blique et qu'elles participent ainsi de l'autorité propre aux lois universelles, comme l'abolition de l'esclavage et les immunités des neutres dans les guerres maritimes, il est facile de prouver que ces maximes constituent pour la communauté européenne une norme absolument obligatoire et dont il ne dépend d'aucun de ses membres de s'affranchir.

L'article 32 du traité de Paris de 1814 disposait que tous les États impliqués à des titres divers dans la lutte contre la France, enverraient des plénipotentiaires à Vienne « pour régler dans un congrès général les arrangements destinés à compléter les clauses dudit traité. » En conséquence, le 8 octobre de la même année, les signataires de la paix de Paris adressèrent à tous les gouvernements intéressés une note collective qui, tout en les convoquant pour le 1er novembre suivant, leur représentait que les questions à traiter avaient acquis le degré de maturité « sans lequel il ne serait pas possible d'atteindre un résultat qui répondît aux principes du droit des gens et aux stipulations de la paix de Paris... »

Or, parmi les *stipulations* que l'Europe était ainsi appelée à *compléter*, figurait celle de l'article 5 du traité de 1814 relatif à la navigation fluviale. Les États qui se sont rendus à l'invitation des grandes puissances ont adhéré par le fait aux principes énoncés dans cet article, ainsi qu'aux développements qui lui ont été donnés postérieurement par le congrès. Aucun d'entre eux ne s'est isolé par une exception ou réserve quelconque, abstention qu'expliquent, il est vrai, les nombreuses préoccupations que tous, faibles ou puissants, apportaient dans l'aréopage européen. N'était-il point question de nouveaux titres pour leurs souverains, d'agrandissements territoriaux, d'une autre constitution germanique, etc. ? Du reste, l'intérêt fiscal qui se rattachait à la navigation intérieure n'était pas de nature à éveiller l'attention dans les graves conjectures du moment, car les revenus des octrois fluviaux avaient été pour ainsi dire réduits à néant par le blocus continental.

Quoi qu'il en soit, il est hors de doute que les articles 5 de 1814, 108 à 116 de 1815 représentent de véritables engagements conventionnels pour les huit États qui ont souscrit ou qui ont postérieurement adhéré au traité de Paris, comme pour ceux qui ont participé à des titres divers aux négociations du congrès de Vienne, c'est-à-dire pour toutes les puissances de l'Europe, ainsi que le constatait le plénipotentiaire britannique au congrès de Vérone.

La Turquie seule est restée en dehors de cette entente spéciale, comme n'étant point admise dans le concert européen ; mais cette lacune a été comblée par le traité de Paris de 1856 qui a assimilé le Danube aux autres fleuves internationaux du continent.

Un singulier argument a cependant été soutenu au sujet de la durée des obligations résultant du traité de Vienne de 1815. L'on a prétendu que ces obligations cessaient à l'égard des États qui avaient passé entre eux la convention fluviale prévue par l'article 108 de ce traité, que la transaction secondaire remplaçait définitivement pour ses signataires la transaction primordiale et faisait loi au lieu et place de celle-ci. Tel est le point de vue qui a été défendu en 1853, pour le Mecklembourg, comme justification de sa constante opposition à toute réforme du tarif édicté par l'acte de l'Elbe de 1821.

L'Autriche et la Prusse ont vivement combattu cette thèse, en objectant qu'à leurs yeux les principes posés en 1815 avaient un caractère de durée permanente et que lorsque des doutes s'élevaient sur le sens d'une disposition conventionnelle, *rien n'était plus naturel* que de consulter le texte du traité primitif et général que cette disposition devait appliquer. Toutefois les deux puissances opposantes entendaient ménager ce recours aux seuls riverains de l'Elbe (1) et elles ne déduisaient point de leurs prémisses cette conclusion implicite que la convention de l'Elbe pouvait être critiquée comme *res inter alios acta* par tous les signataires ou adhérents du traité de Vienne de 1815. Le Sénat de Hambourg était incontestablement plus conséquent lorsqu'il raisonnait de la sorte à propos d'une simple question de tarif fluvial : « Les tiers,

(1) Conférence de Paris du 18 août 1858.

c'est-à-dire, les puissances étrangères ont droit de se plaindre des taxes excessives qui grèvent certaines marchandises, parce que ces marchandises sont par le fait frappées d'interdiction et qu'il en résulte une infraction directe à l'article 109 du traité de Vienne, qui veut que la navigation soit libre pour le commerce de toutes les nations. »

La chambre des seigneurs de Prusse paraissait elle-même partager cette opinion, en s'exprimant ainsi sur le rapport que son comité des finances lui présenta le 30 mars 1859 : « Espérons que les États contraires à la réduction de l'octroi de l'Elbe ne persisteront pas dans leur refus *jusqu'à provoquer l'ingérence étrangère* et qu'ils agiront d'eux-mêmes conformément aux intérêts nationaux. »

§ 2.

Cette intervention étrangère contre laquelle se défendaient les riverains de l'Elbe, tout en la considérant, les uns comme possible, les autres comme légitime, des précédents certains établissent qu'il y avait lieu de s'en préoccuper et que ceux-là même qui la repoussaient sur l'Elbe la provoquaient sur le Rhin.

Au congrès de Vérone, ainsi que je l'ai rappelé dans la première partie de ces études, et par une note officielle datée du 17 novembre 1822, le duc de Wellington exposa que, contrairement au traité de Vienne, la Hollande voulait fermer les embouchures du Rhin au trafic universel, et qu'il y avait lieu de faire des démarches auprès de la cour de Bruxelles pour qu'elle renonçât à son système prohibitif. Suivant un protocole du même jour auquel la France adhéra postérieurement, les plénipotentiaires d'Autriche, de Prusse et de Russie reconnurent que les cinq puissances « étaient effectivement autorisées à concourir à l'exécution des dispositions de l'acte du congrès de Vienne concernant la navigation du Rhin. »

L'initiative prise dans cette circonstance par l'Angleterre n'était pas seulement un acte de complaisance à l'égard de la Prusse ou une précaution destinée à sauvegarder ses intérêts commerciaux; elle témoignait aussi de la conscience d'un droit indéniable et sa conviction sur ce point datait des premières délibérations de la commission spéciale de 1815.

En effet lord Clancarty avait pensé que même pour les simples aggravations de taxes fluviales que les riverains jugeraient opportunes « dans la suite des temps », et pour l'augmentation du nombre des bureaux de perception, le consentement préalable des signataires de la paix de Paris serait indispensable (1).

Au cours des négociations engagées à Mayence

(1) Les comptes rendus des séances de la commission de navigation de 1815 ne font aucune mention de ce fait caractéristique. Un document officiel inédit dont j'ai pu obtenir une copie authentique, constate que le plénipotentiaire anglais vou-

pour l'élaboration du règlement du Rhin, et notamment en 1826, les commissaires riverains se présentèrent plus d'une fois chez le prince de Metternich en le priant d'intervenir comme conciliateur dans leurs débats.

En 1838, le commissaire de France demanda formellement que la question ligitieuse du partage des revenus de l'octroi rhénan fût déférée à l'arbitrage des puissances représentées à Vienne en 1815. Cette motion fut approuvée par la majorité des membres de la « commission centrale ».

En 1855, une conférence internationale se réunit à Vienne pour régler, entre autres intérêts, celui de la liberté du Danube et de ses embouchures, conformément aux stipulations européennes de 1815. Aux termes du rapport qui lui fut soumis le 21 mars par le baron de Prokesch-Osten, il s'agissait de charger des délégués « d'établir les

lait substituer les articles suivants aux articles 4 et 5 du projet du duc de Dalberg.

Art. 4. « Les droits seront perçus en commun et les tarifs seront invariables. Néanmoins, si dans le cours des temps, et par suite de l'élévation des prix, il devenait nécessaire, pour subvenir aux frais d'entretien de la navigation, que les tarifs fussent augmentés, les États riverains, d'un commun accord entre eux, *ayant préalablement soumis aux puissances signataires du traité de Paris une proposition détaillée à cet effet et ayant reçu leur consentement*, pourront établir ce tarif ainsi approuvé par lesdites puissances. »

Art. 5. « Ni le nombre des bureaux de recettes, ni les taxes ne pourront sous aucune dénomination que ce soit, excéder ce qui a été fixé par la convention du 15 août 1804. Aucun changement ne pourra être fait quant aux taxes, *que de la manière indiquée dans l'article précédent.* »

bases de la législation réglementaire et de police fluviale et maritime qui, *après avoir reçu la sanction des puissances contractantes*, formeraient dorénavant loi pour la navigation du bas Danube. »

Ainsi une seconde instance devait être créée pour l'examen du règlement préparé par le syndicat danubien. C'est-à-dire que trois grands États, l'Autriche, la Turquie et la Russie, se proposant de réaliser dans les limites de leurs empires les intentions du congrès de Vienne de 1815, auraient renoncé à l'une des prérogatives essentielles de leur souveraineté territoriale.

Le principe de ce recours à une autorité supérieure étrangère fut explicitement stipulé au congrès de Paris. L'article 17 du traité de 1856 porte en effet que « lorsque la commission riveraine du Danube aura terminé sa tâche, les puissances signataires informées de ce fait « *en prendront acte* en conférence. »

Cependant l'Autriche et la Turquie déclarèrent postérieurement qu'en donnant communication à la conférence de Paris de la convention concertée entre les riverains du Danube, elles entendaient soustraire cet acte à toute révision quelconque et reconnaissaient simplement aux États représentés au congrès le droit d'en constater l'existence. Selon elles, le contrôle que l'on voudrait exercer sur l'œuvre des riverains serait attentatoire à leur indépendance comme à leur dignité et contraire à des faits antérieurs d'une incontestable authenticité. Les règlements de l'Elbe, du Weser et du Rhin n'avaient-ils point été ratifiés par les souverains respectifs sans ingérence étrangère?

Dans leur réponse, les autres signataires du traité de Paris s'efforcèrent de circonscrire le différend en expliquant particulièrement le sens et la portée de la disposition qui y avait donné lieu. L'extrait suivant d'une note adressée à la Porte par l'ambassadeur de France, M. Thouvenel, paraît reproduire assez exactement leur opinion. « Le droit de prendre acte implique nécessairement le droit d'examen, et, dans l'espèce, la constatation dont il s'agit n'aurait aucune signification raisonnable, si elle n'était pas synonyme d'approbation. Il est évident en effet que les puissances réunies en conférence auront à s'enquérir de l'application du traité, puisque nul assurément ne saurait prétendre que la France, l'Angleterre la Prusse, la Russie et la Sardaigne fussent jamais obligées d'enregistrer des clauses qui seraient contraires aux principes du traité de Vienne. »

« La Turquie et l'Autriche ne pourront par conséquent se refuser à démontrer, si des objections leur sont opposées, que ces principes n'ont reçu aucune atteinte. »

« Soutenir le contraire, ce serait oublier que le traité de Paris, en déclarant dans l'article 15 que l'ouverture du Danube à la libre navigation ferait désormais partie du droit public de l'Europe, a en outre placé cette disposition sous la garantie de toutes les puissances signataires. »

« Du reste, plus les gouvernements d'Autriche et de Turquie inclinent à croire que l'acte en question est conforme aux vrais principes de la libre navigation des fleuves, moins ils doivent hésiter à le soumettre à une discussion dont l'opportunité est d'autant mieux établie que l'on aurait l'air de vouloir l'éluder. »

« Un traité, enfin, est l'œuvre de toutes les puissances qui ont pris part à sa rédaction et en admettant, ce que rien ne prouve encore, que les deux puissances riveraines aient à produire, contre la compétence de la conférence que l'article 18 du traité de Paris appelle incontestablement à se réunir, des arguments de nature à affaiblir ceux qui précèdent, il restera toujours à résoudre une question d'interprétation relative à une transaction internationale et qu'il n'appartient à personne de préjuger d'une façon préalable. »

M. Thouvenel, s'il ne s'était pas contenté de discuter le cas spécial soumis à sa critique, aurait pu se prévaloir de l'exemple décisif tiré des négociations de Vérone de 1822, et même, en remontant plus haut, il aurait pu reproduire utilement le passage suivant du mémoire présenté à Vienne par l'envoyé de Nassau le 23 février 1815 : « Je pense que si l'un des États riverains se refusait à exécuter les décisions du comité de navigation ou prenait des dispositions contraires aux maximes du congrès, l'on aurait droit de recourir aux mesures qu'autorise le droit des gens, quand on enfreint un traité. » Et M. de Marschal, en s'exprimant ainsi, avait en vue les puissances européennes en général, car il ajoutait : « Quant à ce qui concerne les États de la future confédération germanique, ils devront s'adresser à la Diète. »

Les gouvernements de Turquie et d'Autriche se rendirent plus ou moins aux raisons exposées dans la note ci-dessus transcrite, ainsi que l'on peut en inférer des instructions adressées à ce sujet au premier drogman du divan impérial, le 29 décembre 1857, et comme semble l'indiquer cette double déclaration officielle du cabinet de Vienne; « que si l'on démontrait la moindre infraction au traité de Paris, il serait le premier à en demander le redressement (1) et qu'il soumettrait de nouvelles propositions sur le régime du Danube (2).

D'ailleurs le droit de contrôle et de révision des puissances étrangères avait été reconnu d'avance par le délégué bavarois dans la commission danubienne (3).

En fait, le règlement fluvial négocié à Vienne en 1857, et dûment ratifié par les souverains respectifs, n'a pu encore être mis à exécution.

Il résulterait de toute cette discussion que chacune des puissances qui ont souscrit ou adhéré aux

(1) Protocoles XIV, XVIII, de 1858.

(2) Conférence du 28 mars 1866.

(3) Protocole XXIII de 1857. Annexe A.

traités de 1815 et de 1856 est autorisée à réclamer et au besoin à exiger (1) la stricte application des principes destinés à régler la navigation des fleuves internationaux européens (2), au même titre que la France, l'Angleterre, la Suède, ont pu légitimement protester, comme elles l'ont fait en 1846, contre l'incorporation de Cracovie à l'Autriche, et de même que l'Angleterre et la France sont intervenues en 1863 dans les affaires de Pologne. Et afin d'assurer éventuellement une base pratique à cette mutuelle surveillance, il serait opportun, comme je le disais au début de cette étude, de convenir d'une interprétation formelle du droit fluvial qui manque de précision et le plus souvent d'autorité. La nouvelle convention par laquelle l'acte final du congrès de 1815 serait ainsi révisé, devrait être explicitement placée sous la garantie de ses cosignataires, comme l'article 15 du traité de Paris de 1856.

(1) M. Wurm, dans ses cinq lettres sur la liberté fluviale, dit à ce sujet, page 17 : « die Fremden müssten grosse Thoren sein, wenn sie in vorkommenden Fällen ihr Recht nicht geltend machten. »

(2) Voir art. 16, 17 du projet du duc de Dalberg énumérant les fleuves communs du continent.

XIII

SUPPRESSION DES DROITS DE NAVIGATION

Le congrès de Vienne a rendu un incontestable service à la navigation intérieure en posant des bornes désormais infranchissables à l'autonomie fiscale des puissances riveraines, c'est-à-dire en substituant aux réquisitions diverses et souvent arbitraires des autorités locales un tarif invariable et uniforme.

Cependant ce bienfait était relatif, et il devait arriver plus tard que la batellerie le jugerait insuffisant et que même à la longue il lui serait funeste.

On avait cru équitable, en 1815, de conserver les anciens droits de 1804, c'est-à-dire ceux d'une époque où les prix du fret étaient encore très élevés, en sorte que, à la faveur d'une activité croissante de la navigation, l'octroi avait fourni un revenu disproportionné aux besoins réels des administrations et de beaucoup supérieur à celui qu'il était permis de prévoir dans les premières années de la réforme.

D'un autre côté, en définissant le caractère, en

délimitant le taux et en régularisant le prélèvement des taxes de navigation, la haute assemblée de Vienne avait en quelque sorte sanctionné le principe de l'impôt fluvial et mis ainsi entre les mains des États respectifs une arme dont quelques-uns d'entre eux devaient abuser. Certes si l'ancien royaume de Hanovre et le Mecklembourg n'avaient pu se prévaloir d'un acte européen pour justifier le maintien d'errements surannés, ils n'auraient pas réussi à paralyser pendant près d'un demi-siècle les mesures d'allégements, voire même les projets de délivrance dont leurs coriverains réclamaient périodiquement l'adoption.

Les conditions de la navigation intérieure ont bien changé depuis 1815. Mais quel contraste n'offrent-elles point avec la situation de la batellerie aux temps à demi barbares auxquels remonte l'origine des stations et des relâches forcées. Les gouvernements de cette époque se préoccupaient fort peu de la nature et des causes de la richesse publique; leurs lois commerciales et financières dénotaient souvent une ignorance complète des données élémentaires de l'économie politique. D'ailleurs leur autorité s'exerçait sans partage et l'industrie des transports par eau se prêtait plus aisément aux exigences d'un despotisme avide, parce que la viabilité terrestre était encore imparfaite et que, sous l'empire des monopoles, le commerce local pouvait se dédommager de ses frais sur le consommateur.

Aujourd'hui les voies de communication se sont multipliées et perfectionnées et le négoce est livré partout aux rivalités de la libre concurrence. Un immense réseau de routes et de chemins de fer enveloppe le continent européen et y entretient un trafic ininterrompu. L'on abandonnerait sans aucun doute celles des voies naturelles qui subiraient encore les anciens tarifs; leur prospérité décherrait promptement, si une administration prévoyante ne les émancipait graduellement par des dégrèvements systématiques. Si l'expérience ordinaire, aidée du plus simple bon sens, ne démontrait cette vérité, les annales des commissions préposées à la navigation des principaux fleuves occidentaux en établiraient l'évidence. L'on retrouverait dans le recueil de leurs protocoles annuels les preuves individuelles ou collectives de cette double observation : « Le mouvement de telles marchandises a été d'autant plus actif que le tarif commun les a plus épargnées; une réduction générale de l'octroi, loin de porter atteinte aux intérêts des trésors riverains, contribuerait à en augmenter les revenus. »

La logique et l'étude impartiale des diverses transformations qu'a éprouvées le régime fiscal des grands cours d'eau conduit à une conclusion d'une plus large portée, c'est-à-dire à l'abolition des octrois fluviaux uniquement basés sur le fait de la navigation. Une pareille mesure peut paraître de prime abord excessive ou inconsidérée; les médiateurs français aux conférences de Ratisbonne de 1803 l'avaient cependant proposée, comme plus tard, en 1848, le comité économique de l'assemblée nationale de Francfort; elle a été adoptée dans la suite et par voie conventionnelle sur le Weser, sur le Danube et sur le Rhin, et depuis de longues années déjà, sur d'autres fleuves, plusieurs États ont spontanément renoncé à toutes perceptions. « Les droits de l'Elbe, tant qu'ils subsisteront, disait en 1857 la chambre de commerce de Magdebourg, seront notre *ceterum censeo.* » Les chambres de commerce de Hall, de Breslau, de Prague, se sont constamment exprimées dans le même sens, invitant les gouvernements à affranchir la navigation intérieure, afin que les contrées qui en ont le privilège, ne soient point frustrées des avantages inhérents à leur situation.

Quelles que puissent être les résistances individuelles opposées à cette émancipation, il est vraisemblable que les octrois de navigation disparaîtront un jour et que les fleuves internationaux jouiront des mêmes franchises que les routes ordinaires. Une seule réserve paraîtrait justifiée dans ces conditions nouvelles, c'est celle qui aurait pour objet le remboursement effectif des capitaux employés à l'exécution de travaux d'art d'une importance exceptionnelle et de longue durée. Qui n'admettrait, par exemple, la légitimité des taxes prélevées pour couvrir les frais d'entreprises telles que l'ouverture permanente de la passe de Soulina ou celle des Portes de Fer? La navigation et le commerce se prêteraient d'autant plus volontiers à ces impositions essentiellement locales, qu'elles correspondraient à un bénéfice direct absolument certain et qu'elles seraient d'ailleurs indépendantes de la nature des chargements, de la distance parcourue ou de l'éloignement du port de destination.

XIV

DE LA LIBERTÉ DE NAVIGATION

SUR LES FLEUVES, RIVIÈRES ET CANAUX APPARTENANT A UN SEUL ÉTAT.

En discutant au point de vue théorique le principe de l'affranchissement des fleuves possédés en commun par plusieurs puissances, j'ai incidemment émis l'opinion que les fleuves dépendant d'une seule et même souveraineté devraient également s'ouvrir à la marine universelle et partager la liberté des mers auxquelles ils s'associent par leur embouchure. La logique, le droit naturel, l'utilité publique, les tendances générales justifieraient sans doute cette assimilation.

Il est permis, je pense, d'ajouter à ces raisons d'un ordre plutôt moral que pratique, un dernier argument basé sur les intérêts matériels que la navigation est plus particulièrement appelée à satisfaire.

Que les grands cours d'eau n'aient plus leur antique importance, qu'ils ne soient plus, sur l'ancien continent du moins, ce qu'étaient le Gange, le Tigre et l'Euphrate pour les tribus asiatiques, ou le Nil inférieur pour les Égyptiens, leur rôle n'en est pas moins resté essentiel dans l'œuvre que la Providence a assigné à l'humanité. L'homme, sans doute, n'est plus esclave de la nature et il se crée des routes nouvelles plus courtes et plus sûres; mais l'expérience démontre que les chemins artificiels, si perfectionnés qu'ils soient, ne pourront jamais remplacer les courants naturels comme agents mis au service de l'activité sociale dans le domaine de la production et des échanges, c'est-à-dire comme auxiliaires de l'agriculture, du commerce et de l'industrie.

Si par l'usage de la vapeur, ils offrent les avantages de la célérité aux personnes et aux choses susceptibles de payer des frais élevés de traction, la navigation, lorsque le privilège ou toute autre restriction n'en entrave point l'essor, facilite la circulation économique des éléments du travail, c'est-à-dire des matières premières qui ne peuvent être déplacées qu'à prix réduit et que tout tarif doit nécessairement épargner.

Cette propriété particulière tient à deux causes principales qu'il est à peine besoin de relever. Les transports qui s'effectuent par une voie ferrée ne peuvent dépasser un certain maximum proportionné au matériel roulant que cette voie comporte; une telle limite existe à peine sur les fleuves, les rivières et les canaux.

D'un autre côté, le coût des instruments de trafic est de beaucoup plus considérable sur les railways que sur les courants intérieurs (1).

La navigation a même le bénéfice de la vitesse, lorsqu'il s'agit de mettre en mouvement de grandes masses encombrantes. Ce qu'un chemin de fer n'expédie qu'en quatre ou cinq jours, un remorqueur de 60 à 80 chevaux le conduit à destination en trois jours.

A ces divers points de vue, les artères navigables contribuent plus efficacement que les réseaux terrestres au développement de la richesse et de la puissance publiques, et lors même que l'on mettrait en doute leur supériorité relative, la plus simple prévoyance conseillerait d'en favoriser l'exploitation et l'extension pour former un utile contrepoids à l'influence exclusive des chemins de fer dont les prix sont généralement excessifs et qui jouissent dans leur administration d'une redoutable autonomie.

La plus large concurrence serait évidemment, pour les transports par eau, le meilleur gage d'une activité féconde et cette condition ne saurait être mieux remplie que par l'application à toutes les voies navigables du régime libéral consacré par

(1) On a cherché à s'en rendre compte d'une manière approximative en prenant pour terme de comparaison le déplacement sur un certain parcours de 100 000 kilogrammes de marchandises et l'on est arrivé à reconnaître que ce qui revient à un million dans le premier cas, dépasse à peine 100 000 francs dans le second.

le droit public sur les courants internationaux.

L'on n'excepterait pas de cet affranchissement les simples rivières et éventuellement les canaux, dont la fréquentation rentre aussi bien que celle des fleuves proprement dits dans le cas « d'innocente utilité » et dont chacun peut profiter sans qu'il en résulte pour autrui dommage ou privation.

Déjà plus d'une convention assimile les sujets de certains pays étrangers aux indigènes sur des fleuves, rivières et canaux compris dans les limites d'un seul territoire (1). Cette égalité de traitement, il est vrai, repose sur un échange mutuel d'avantages déterminés et elle n'a point encore le caractère d'une acquisition indépendante d'engagements contractuels. Mais « les principes vaincront le particularisme (2) » et le temps n'est sans doute pas loin où un gouvernement ne se croira pas plus autorisé à fermer aux étrangers l'entrée de ses fleuves, rivières et canaux, qu'à leur interdire l'accès de ses routes terrestres.

Je conclus par ce dernier article, dont la formule est empruntée à la rédaction de l'article 5 du traité de Paris de 1814 :

« Il sera examiné et décidé de quelle manière,

(1) Convention austro-bavaroise du 2 décembre 1851. — Convention austro-prussienne du 19 février 1853. — Constitution du Zollverein. — Convention austro-italienne du 27 décembre 1878, etc.

(2) Heffter, Droit intern. europ.

pour faciliter les communications entre les peuples et les rendre de moins en moins étrangers les uns aux autres », l'on pourrait étendre aux fleuves, rivières et canaux n'appartenant qu'à un seul État le régime de liberté de navigation applicable aux fleuves internationaux.

XV

RÉSUMÉ

Je ne saurais résumer d'une manière plus fidèle et en même temps plus concise les diverses questions pratiques traitées dans cet essai, qu'en reproduisant dans un ordre méthodique les conclusions qui terminent chacune des études précédentes.

Tel est l'objet de la récapitulation suivante à laquelle j'ai donné la forme d'une convention internationale :

PROJET DE CONVENTION

SUR LA NAVIGATION DES FLEUVES INTERNATIONAUX

L'acte final du congrès de Vienne de 1815, relatif au régime des fleuves internationaux, ayant été diversement interprété, de telle sorte que les règlements conventionnels destinés à le mettre en pratique ne concordent pas entre eux et consacrent même en plus d'un point important des principes contraires, il a été jugé opportun de procéder à une révision dudit acte final et à cet effet l'on s'est entendu sur les dispositions suivantes auxquelles tous les États seront appelés à adhérer et qu'ils prendront sous leur garantie.

ARTICLE PREMIER.

Les États riverains d'un même fleuve navigable s'engagent à régler d'un commun accord tout ce qui a rapport à l'usage de ce fleuve.

Les arrangements qu'ils prendront dans ce but seront conformes aux principes énoncés dans la présente convention.

I

Parcours fluvial conventionnel et frontières respectives.

ARTICLE 2.

Le parcours conventionnel d'un fleuve international s'étend de la localité ou de la frontière riveraine à partir de laquelle la navigation s'exerce régulièrement *jusque dans la mer*.

Lorsque le fleuve, avant d'atteindre la mer, se divise en deux ou plusieurs embranchements, son régime conventionnel s'applique à l'embranchement qui offre, tant par la puissance, l'orientation et la régularité de son cours, que par les conditions naturelles de son embouchure, les plus grandes facilités à la navigation.

Il dépend de l'État riverain inférieur de soumettre d'autres embranchements aux lois conventionnelles de la communauté fluviale.

Celle-ci dispose de tous les embranchements supérieurs en état de navigabilité.

ARTICLE 3.

A moins de stipulations contraires, la frontière des États séparés par un fleuve est marquée par le *thalweg*, c'est-à-dire par la ligne médiane du chenal.

ARTICLE 4.

Les îles qui se forment dans un cours d'eau commun appartiennent au territoire contigu. Celles qui surgissent dans la région mitoyenne sont partagées proportionnellement entre les États riverains.

ARTICLE 5.

Dans le cas où un fleuve commun se crée une nouvelle issue à travers le territoire de l'un des États riverains, l'ancien lit sert, comme par le passé, de ligne de démarcation.

II

Liberté de navigation.

ARTICLE 6.

Les fleuves internationaux sont ouverts à la navigation et au commerce universels.

Les bâtiments des sujets riverains et ceux des sujets étrangers y seront traités, sous tous rapports, sur le pied d'une parfaite égalité et il ne sera apporté d'autres entraves à leur circulation que celles résultant des dispositions du présent règlement relatives à la police, aux droits de navigation, aux douanes, aux quarantaines et à l'état de guerre.

ARTICLE 7.

En conséquence, tout bâtiment à voiles ou à vapeur, quelle que soit sa nationalité, pourra, soit accidentellement, soit régulièrement, transporter des passagers, des marchandises, ou pratiquer le remorquage entre tous les ports situés le long de ces fleuves, sans qu'il soit fait de distinction au préjudice de qui que ce soit, entre la navigation directe de la pleine mer vers ces ports et vice versâ, non plus qu'entre le grand et le petit cabotage fluvial proprement dit.

ARTICLE 8.

Les bâtiments de mer se livrant à la navigation fluviale n'auront à produire pour toute légitimation que leurs papiers de bord et ils devront être pourvus d'un pilote local dans tout le cours de leur voyage, tant en amont qu'en aval.

Les capitaines ou patrons de bâtiments exclusivement fluviaux devront justifier de leurs aptitudes nautiques et de leur expérience locale au moyen d'une patente délivrée par l'État riverain dont ils sont les sujets ou dans lequel ils ont élu domicile, s'ils sont étrangers.

Ils auront en outre à faire préalablement constater par des experts officiels le bon état de navigabilité de leurs bâtiments.

III

Police.

ARTICLE 9.

Les États riverains arrêteront entre eux un ensemble de dispositions destinées à régler l'exercice de la navigation dans l'intérêt de la sécurité et de l'ordre publics.

Ces dispositions spéciales, obligatoires pour tous les navires sans acception de nationalité, seront, autant que faire se pourra, les mêmes pour tout le cours du fleuve, et les pénalités qui devront en assurer la sanction seront prononcées par les tribunaux de navigation institués dont chaque État riverain.

IV

Travaux.

ARTICLE 10.

L'autorité syndicale du fleuve désignera les travaux de correction de la voie navigable et de ses rives qui lui paraîtront nécessaires dans l'intérêt général.

Ces travaux, dont le plan et le devis auront ainsi été l'objet d'une décision collective, seront obligatoires; chaque État devra pourvoir à l'exécution de ceux qui concernent sa section fluviale, et les dépenses y afférentes seront couvertes par la voie indiquée à l'article 12 ci-après.

Indépendamment de la tâche qu'il pourra ainsi avoir à accomplir au nom et pour le compte de la communauté, chaque État riverain prendra telles mesures qu'il jugera convenable pour entretenir et améliorer à ses propres frais la navigabilité de la partie du fleuve dépendant de sa souveraineté, en s'entendant toutefois, s'il y a lieu, avec les États voisins.

ARTICLE 11.

Il sera interdit d'entreprendre, sans l'adhésion préalable de l'autorité syndicale du fleuve, certains ouvrages, tels que coupures, ponts, barrages pouvant modifier l'économie des eaux communes ou gêner la circulation publique.

V

Droits de navigation.

ARTICLE 12.

Des droits de navigation pourront être prélevés sur les fleuves internationaux.

Ils auront uniquement pour but de couvrir les dépenses communes faites dans l'intérêt de la navigation, c'est-à-dire, d'une part, les dépenses afférentes aux travaux obligatoires mentionnés dans l'article 10 ci-dessus, et d'autre part les dépenses destinées à subvenir au traitement du personnel et aux frais des établissements dépendant du service commun de la navigation.

Ces droits seront égaux pour tous les pavillons.

ARTICLE 13.

Seront considérés comme étrangers aux droits de navigation, les droits de douane, d'octroi local ou de consommation, ainsi que les taxes prélevées en vertu d'un tarif public à titre de contre-prestation pour les établissements des ports, tels que grues, balances, quais et magasins que les navires auront effectivement utilisés.

ARTICLE 14.

Un budget approximatif arrêté pour une période déterminée, fixera le montant annuel des dépenses communes.

Le tarif des droits de navigation sera calculé sur ces dépenses, et il sera ainsi l'objet d'une révision périodique.

ARTICLE 15.

L'on publiera annuellement un bilan sommaire des opérations des différents bureaux de perception, ainsi qu'un état indiquant la répartition et l'emploi des produits du tarif.

ARTICLE 16.

Les droits de navigation seront indépendants de la nature des chargements; ils auront pour base le tonnage indiqué par le procès-verbal officiel dont chaque bâtiment doit être muni.

L'on s'entendra sur l'application d'une règle commune de mesurage et d'une même unité de jauge pour l'évaluation respective de la capacité utile des bâtiments fluviaux et des bâtiments maritimes.

L'on adoptera comme unité de jauge pour les bâtiments fluviaux et maritimes le tonneau de capacité anglais, et comme mode de mesurage des bâtiments maritimes le système *Moorsom*, tel qu'il est décrit par le *Merchant Shipping Act* de 1854.

En attendant qu'un accord intervienne entre toutes les nations en ce qui concerne le jaugeage des bâtiments de mer, l'on se servira, pour la perception des droits de navigation, du barême ci-annexé en usage sur le bas Danube.

ARTICLE 17.

Tous *péages maritimes* à l'embouchure des fleuves internationaux sont à jamais abolis. Il en est de même des droits d'étape, d'échelle, de relâche forcée, comme de tout privilège exclusif de navigation.

VI

Douanes riveraines et ports francs.

ARTICLE 18.

Sauf l'exception indiquée en l'article 21 ci-après, les États riverains n'ont la faculté d'imposer des droits de douane aux marchandises transportées sur leur fleuve commun, qu'autant que ces marchandises quittant la voie navigable, sont introduites dans le territoire de ces États.

ARTICLE 19.

Sans préjudice des cas de force majeure, les navires ne peuvent décharger leur cargaison en tout ou en partie que dans les ports et autres lieux riverains pourvus d'un bureau de douane.

ARTICLE 20.

Muni de ses papiers réglementaires, un navire en cours de voyage ne peut être arrêté nulle part et sous aucun prétexte par les préposés des douanes riveraines, lorsqu'il traverse les sections du fleuve dont les rives appartiennent à des États ou à des territoires douaniers différents.

ARTICLE 21.

Lorsqu'un navire entre dans une région fluviale dont les deux rives dépendent d'un seul État ou d'un même territoire douanier, et si ladite section n'a point été isolée au moyen de deux lignes douanières, le capitaine ou patron est tenu de se présenter à la douane frontière de cet État ou de ce territoire. Il y acquitte les droits prescrits par le tarif local pour les marchandises destinées à l'importation. Quant aux marchandises de transit, elles sont assujetties au plombage ou surveillées jusqu'à l'autre frontière par un agent douanier.

ARTICLE 22.

Sauf ces dernières formalités, le transit sur les

fleuves internationaux est absolument libre pour les marchandises de toutes les nations, quelles que soient leur nature, leur provenance et leur destination.

ARTICLE 23.

Il sera ouvert un ou plusieurs ports francs ou entrepôts libres dans chaque État riverain.

VII

Quarantaine.

ARTICLE 24.

Un établissement quarantenaire sera crée à l'embouchure et fonctionnera sous la direction de la communauté fluviale.

Il exercera son contrôle sur les bâtiments tant à l'entrée qu'à la sortie.

Aucun contrôle sanitaire ne sera exercé sur les bâtiments dans le cours de leur navigation intérieure.

VIII

Neutralité.

ARTICLE 25.

La navigation sur les fleuves internationaux restera libre en temps de guerre pour les pavillons des puissances non belligérantes.

ARTICLE 26.

Tous les ouvrages et établissements fluviaux, de quelque nature qu'ils soient, notamment les bureaux de perception et leurs caisses et de même le personnel administratif, technique et judiciaire dépendant d'une manière permanente du service de la navigation, jouiront des bénéfices de la neutralité et seront également respectés et protégés par les belligérants.

ARTICLE 27.

Un pavillon spécial sera placé sur les ouvrages et établissements ci-dessus spécifiés et le personnel administratif, technique et judiciaire portera un signe particulier uniforme indiquant son caractère et sa fonction.

Ce pavillon et ce signe devront assurer l'inviolabilité aux dits ouvrages et établissements, comme au dit personnel.

ARTICLE 28.

Sauf la contrebande de guerre, les marchandises transportées sur les fleuves internationaux sous pavillon neutre, seront insaisissables dans les eaux et ports de ces fleuves, sans distinction entre la propriété neutre et la propriété ennemie.

Les belligérants auront le droit de visite dans le rayon des hostilités.

ARTICLE 29.

Les bâtiments neutres auront accès dans tous les ports du fleuve, sauf dans les ports réellement bloqués.

IX

Des autorités fluviales.

ARTICLE 30.

Les autorités préposées à la navigation sur les fleuves communs à plusieurs États sont, d'une part, les délégués composant la commission riveraine, et d'autre part, l'inspecteur en chef, les sous-inspecteurs, les employés des bureaux de perception et de la quarantaine, les juges des tribunaux de navigation et les ingénieurs locaux.

ARTICLE 31.

La commission riveraine comprend autant de délégués qu'il y a d'États riverains.

Elle se réunit en sessions annuelles.

Ses décisions sont prises à la majorité des voix. Toutefois, et sauf en ce qui concerne le tarif des droits de navigation, un vote n'est obligatoire pour les États représentés dans la minorité qu'autant que les délégués de ces États ne se sont pas formellement opposés d'avance à son exécution.

ARTICLE 32.

La commission riveraine a un caractère purement délibératif. Elle se fait rendre compte de l'administration fluviale, arrête les mesures propres à faciliter le développement de la navigation et du commerce et recueille dans un rapport destiné à la publicité toutes les données intéressantes relatives à l'état de la voie d'eau, à son trafic annuel, etc., etc.

ARTICLE 33.

L'inspecteur en chef nommé à vie par la commission riveraine et revêtu d'un mandat public international, est placé sous les ordres de ladite commission.

Il veille à l'application du règlement fluvial et à la police de la navigation.

ARTICLE 34.

Les inspecteurs locaux et les employés des bureaux de perception et de la quarantaine sont nommés par chaque État riverain; mais ils n'en dépendent pas moins de l'inspecteur en chef dont ils sont tenus d'exécuter les instructions.

Deux ou plusieurs États peuvent se concerter pour déléguer un même inspecteur local, ainsi que pour instituer le personnel de ceux des bureaux de perception qui opèrent pour leur compte commun.

ARTICLE 35.

Il y a un tribunal de première instance par chaque État riverain pour le jugement des contraventions prévues par les règlements de navigation et de police.

Le recours contre ces jugements peut être porté soit devant une cour locale d'appel une fois désignée par chaque État, soit devant la commission riveraine, lors de sa réunion annuelle.

ARTICLE 36.

Les ingénieurs locaux sont nommés par chaque État et veillent à l'entretien et à l'amélioration du domaine fluvial de cet État. Ils ne relèvent point comme tels de l'inspecteur en chef.

ARTICLE 37.

Indépendamment de la commission syndicale riveraine dont l'institution est permanente, une commission technique, dans laquelle chaque État est représenté par un ingénieur, se réunit occasionnellement sur l'initiative de ladite commission pour inspecter le fleuve, soumettre les plans et devis approximatifs des travaux jugés nécessaires, et rendre compte de l'état des ouvrages en cours d'exécution.

X

Affluents.

ARTICLE 38.

Les affluents navigables seront soumis à un régime conventionnel analogue à celui des fleuves internationaux dont ils sont tributaires.

L'on ne pourra faire de distinction sous ce rapport entre les affluents qui dans leur cours navigable appartiennent à une seule puissance et ceux qui relèvent de plusieurs souverainetés

XI

Article additionnel

« Il sera examiné et décidé ultérieurement de quelle manière, pour faciliter les communications entre les peuples et les rendre de moins en moins étrangers les uns aux autres, (1) » l'on pourrait étendre aux fleuves, rivières et canaux n'appartenant qu'à un seul État le régime de liberté de navigation applicable aux fleuves internationaux.

Il sera examiné et décidé en outre de quelle manière l'on pourrait procéder à la suppression de tous droits de navigation autres que ceux ayant pour but le remboursement des capitaux employés à l'exécution de travaux d'art particuliers d'une importance et d'une utilité exceptionnelles.

(1) Textes de l'article 5 du traité de Paris de 1814.

ANNEXE A L'ARTICLE 16

DU PROJET DE CONVENTION.

Rapport entre les unités de jauge des différents pays et le tonneau anglais (tonneau de registre) d'après le résultat des jaugeages comparatifs effectués par la Commission européenne du Danube.

NATIONALITÉ DES BATIMENTS.	PROPORTION % pour le Tonneau.	PROPORTION % pour le Last.
Autriche-Hongrie	0.77	
France (1)	0.94	
Italie (1)	0.94	
Turquie	0.76	
Allemagne (1). — Prusse	0.98	1.50
Brême		1.89
Hambourg		2.77
Hanovre	0.98	2.25
Lubeck		1.89
Mecklembourg	1.09	2.44
Oldenbourg	0.96	1.50
Russie	1.08	1.89
Etats-Unis d'Amérique	1	
Belgique	0.95	1.81
Danemark	1.02	1.96
Espagne	1	
Grèce	0.78	
Hollande	0.89	1.75
Norvège	0.98	2.08
Suède	1.02	1.98
Roumanie	0.97	
Samos	0.78	
Serbie	0.97	

(1) Pour la France, l'Allemagne et l'Italie, les chiffres du tableau indiquent les proportions des anciennes mesures, car les règles du système anglais *Moorsom* sont appliquées dans ces trois pays, en France depuis le 1er juin 1873, en Italie depuis le 1er juillet et en Allemagne depuis le 1er janvier de la même année.

XVI

APPENDICES

J'ai réuni dans les quatre appendices qui suivent, le texte des actes publics qui se rapportent aux principales phases de la législation moderne relative aux fleuves internationaux.

Un index final donne la nomenclature des traités conventions et règlements qui constituent cette législation.

APPENDICE I

CONVENTION NATIONALE

SÉANCE DU MARDI 20 NOVEMBRE 1792

Extrait des registres des délibérations du conseil exécutif provisoire du 20 novembre 1792.

Le Conseil Exécutif délibérant sur la conduite des armées françaises dans les pays qu'elles occupent, spécialement dans la Belgique, un de ses membres a observé :

1° Que les gênes et les entraves que jusqu'à présent la navigation et le commerce ont souffertes, tant sur l'Escaut que sur la Meuse, sont directement contraires aux principes fondamentaux du droit naturel que tous les Français ont juré de maintenir;

2° Que le cours des fleuves est la propriété commune et inaliénable de toutes les contrées arrosées par leurs eaux; qu'une nation ne saurait sans injustice prétendre au droit d'occuper exclusivement le canal d'une rivière et d'empêcher que les peuples voisins qui bordent les rivages supérieurs, ne jouissent du même avantage; qu'un tel droit est un reste des servitudes féodales ou du moins un monopole odieux qui n'a pu être établi que par la force, ni consenti que par l'impuissance, qu'il est conséquemment révocable dans tous les moments et malgré toutes les conventions, parce que la nature ne reconnaît pas plus de peuples que d'individus privilégiés et que les droits de l'homme sont à jamais imprescriptibles;

3° Que la gloire de la république française veut que partout où s'étend la protection de ses armes, la liberté soit rétablie et la tyrannie renversée;

4° Que lorsque aux avantages procurés au peuple belge par les armes françaises se joindra la navigation libre des fleuves et l'affranchissement du commerce de ces provinces, non seulement le peuple n'aura plus lieu de craindre pour sa propre indépendance, ni de douter du désintéressement qui dirige la république, mais même que les nations de l'Europe ne pourront dès lors refuser de reconnaître que la destruction de toutes les tyrannies et le triomphe des droits de l'homme sont la seule ambition du peuple français.

Le conseil, frappé de ces puissantes considérations, arrête que le général en chef des armées françaises dans l'expédition de Belgique, sera tenu de prendre les mesures les plus précises et d'employer tous les moyens qui sont à sa disposition pour assurer la liberté de la navigation et des transports dans tout le cours de l'Escaut et de la Meuse.

La lecture de cet arrêté est interrompue par de nombreux applaudissements.

Moniteur universel de 1792, n° 127.

APPENDICE II

TRAITÉ DE PARIS DU 30 MAI 1814.

ARTICLE 5.

La navigation sur le Rhin, du point où il devient navigable jusqu'à la mer et réciproquement, sera libre, de telle sorte qu'elle ne puisse être interdite à personne, et l'on s'occupera au futur congrès des principes d'après lesquels on pourra régler les droits à lever par les États riverains de la manière la plus égale et la plus favorable au commerce de toutes les nations.

Il sera examiné et décidé de même dans le futur congrès de quelle manière, pour faciliter les communications entre les peuples et les rendre toujours moins étrangers les uns aux autres, la disposition ci-dessus pourra être également étendue à tous les autres fleuves qui dans leur cours navigable séparent ou traversent différents États.

APPENDICE III

TRAITÉ DE VIENNE DU 9 JUIN 1815

Au nom de la très sainte et indivisible Trinité! Les puissances qui ont signé le traité conclu à Paris le 30 mai 1814, s'étant réunies à Vienne, en conformité de l'article 32 de cet acte, avec les princes et États leurs alliés, pour compléter les dispositions du dit traité et pour y ajouter les arrangements rendus nécessaires par l'état dans lequel l'Europe était restée à la suite de la dernière guerre, désirant maintenant de comprendre dans une transaction commune les différents résultats de leurs négociations, afin de les revêtir de leurs ratifications réciproques, ont autorisé leurs plénipotentiaires à réunir dans un instrument général les dispositions d'un intérêt majeur et permanent et à joindre à cet acte, comme parties intégrantes des arrangements du congrès, les traités, conventions, déclarations, règlements et autres actes particuliers, tels qu'ils se trouvent cités dans le présent traité, et ayant les susdites puissances nommé plénipotentiaires au congrès, savoir. . . . .

Ceux de ces plénipotentiaires qui ont assisté à la clôture des négociations, après avoir exhibé leurs pleins pouvoirs trouvés en bonne et due forme, sont convenus de placer dans ledit instrument général et de signer de leur signature commune les articles suivants :

. . . .

ARTICLE 108

Les puissances dont les États sont séparés ou traversés par une même rivière navigable, s'engagent à régler d'un commun accord tout ce qui a rapport à la navigation de cette rivière. Elles nommeront à cet effet des commissaires qui se réuniront au plus tard six mois après la fin du congrès et qui prendront pour bases de leurs travaux les principes établis dans les articles suivants.

ARTICLE 109.

La navigation dans tout le cours des rivières indiquées dans l'article précédent, du point où chacune d'elles devient navigable jusqu'à son embouchure, sera entièrement libre et ne pourra, sous le rapport du commerce, être interdite à personne, bien entendu que l'on se conformera aux règlements relatifs à la police de cette navigation, lesquels seront conçus d'une manière uniforme pour tous et aussi favorables que possible au commerce de toutes les nations.

ARTICLE 110.

Le système qui sera établi, tant pour la perception des droits que pour le maintien de la police, sera, autant que faire se pourra, le même pour tout le cours de la rivière et s'étendra aussi, à moins que des circonstances particulières ne s'y opposent, sur ceux de ses embranchements et confluents qui dans leur cours navigable séparent ou traversent différents États.

ARTICLE 111.

Les droits sur la navigation seront fixés d'une manière uniforme, invariable et assez indépendante de la qualité différente des marchandises pour ne pas rendre nécessaire un examen détaillé de la cargaison, autrement que pour cause de fraude et de contravention. La quotité de ces droits qui, en aucun cas, ne pourront excéder ceux existants actuellement, sera déterminée d'après les circonstances locales qui ne permettent guère d'établir une règle générale à cet égard. On partira néanmoins, en dressant le tarif, du point de vue d'encourager le commerce en facilitant la navigation, et l'octroi établi sur le Rhin pourra servir de norme approximative.

Le tarif une fois réglé, il ne pourra être augmenté que par un arrangement commun des États riverains, ni la navigation grevée d'autres droits quelconques outre ceux fixés dans le règlement.

ARTICLE 112.

Les bureaux de perception, dont on réduira autant que possible le nombre, seront fixés par le règlement et il ne pourra s'y faire ensuite aucun changement que d'un commun accord à moins qu'un des États riverains ne voulût diminuer le nombre de ceux qui lui appartiennent exclusivement.

ARTICLE 113.

Chaque État riverain se chargera de l'entretien des chemins de halage qui passent par son territoire et des travaux nécessaires pour la même étendue dans le lit de la rivière pour ne faire éprouver aucun obstacle à la navigation.

Le règlement futur fixera la manière dont les États riverains devront concourir à ces derniers travaux dans le cas où les deux rives appartiennent à différents gouvernements.

ARTICLE 114.

On n'établira nulle part des droits d'étape, d'échelle ou de relâche forcée. Quant à ceux qui existent déjà, ils ne seront conservés qu'en tant que les États riverains, sans avoir égard à l'intérêt local de l'endroit ou du pays où ils sont établis, les trouveraient nécessaires ou utiles à la navigation et au commerce en général.

ARTICLE 115

Les douanes des États riverains n'auront rien de commun avec les droits de navigation. On empêchera par des dispositions réglementaires que l'exercice des fonctions de douaniers ne mette pas d'entraves à la navigation, mais on surveillera par une police exacte sur la rive toute tentative des habitants de faire la contrebande à l'aide des bateliers.

ARTICLE 116.

Tout ce qui est indiqué dans les articles précédents sera déterminé par un règlement commun qui renfermera également tout ce qui aurait besoin d'être fixé ultérieurement.

Le règlement une fois arrêté ne pourra être changé que du consentement de tous les États riverains, et ils auront soin de pourvoir à son exécution d'une manière convenable et adaptée aux circonstances et aux localités.

APPENDICE IV

TRAITÉ DE PARIS DU 30 MARS 1856

ARTICLE 15.

L'acte du congrès de Vienne ayant établi les principes destinés à régler la navigation des fleuves qui séparent ou traversent plusieurs États, les puissances contractantes stipulent entre elles qu'à l'avenir ces principes seront également appliqués au Danube et à ses embouchures. Elles déclarent que cette disposition fait désormais partie du droit public de l'Europe et la prennent sous leur garantie.

La navigation du Danube ne pourra être assujettie à aucune entrave ni redevance qui ne serait pas expressément prévue par les stipulations contenues dans les articles suivants.

En conséquence, il ne sera perçu aucun péage basé uniquement sur le fait de la navigation du fleuve, ni aucun droit sur les marchandises qui se trouvent à bord des navires. Les règlements de police et de quarantaine à établir pour la sûreté des États séparés ou traversés par ce fleuve, seront conçus de manière à favoriser, autant que faire se pourra, la circulation des navires. Sauf ces règlements, il ne sera apporté aucun obstacle, quel qu'il soit, à la libre navigation.

ARTICLE 16.

Dans le but de réaliser les dispositions de l'article précédent, une commission dans laquelle la France, l'Autriche, la Grande-Bretagne, la Prusse, la Russie, la Sardaigne, la Turquie, seront chacune représentées par un délégué, sera chargée de désigner et de faire exécuter les travaux nécessaires depuis Isaktcha pour dégager les embouchures du Danube, ainsi que les parties de la mer y avoisinantes, des sables et autres obstacles qui les obstruent, afin de mettre cette partie du fleuve et les dites parties de la mer dans les meilleures conditions possibles de navigabilité.

Pour couvrir les frais de ces travaux, ainsi que des établissements ayant pour objet d'assurer et de faciliter la navigation aux bouches du Danube, des droits fixes d'un taux convenable arrêtés par la commission à la majorité des voix, pourront être prélevés à la condition expresse que sous ce rapport comme sous tous les autres, les pavillons de toutes les nations seront traités sur le pied d'une parfaite égalité.

ARTICLE 17.

Une commission sera établie et se composera des délégués d'Autriche, de la Bavière, de la Sublime Porte et du Wurtemberg, auxquels se réuniront les commissaires des trois principautés danubiennes dont la nomination aura été approuvée par la Sublime Porte.

Cette commission, qui sera permanente, 1° élaborera les règlements de navigation et de police fluviale; 2° fera disparaître les entraves, de quelque nature qu'elles soient, qui s'opposent encore à l'application au Danube des dispositions du traité de Vienne; 3° ordonnera et fera exécuter les travaux nécessaires sur tout le parcours du fleuve; 4° veillera, après la dissolution de la commission européenne, au maintien de la navigabilité des embouchures du Danube et des parties de la mer y avoisinantes.

ARTICLE 18.

Il est entendu que la commission européenne aura rempli sa tâche et que la commission riveraine aura terminé les travaux désignés dans l'article précédent sous les nos 1 et 2 dans l'espace de deux ans. Les puissances signataires réunies en conférence, informées de ce fait, prononceront, après en avoir pris acte, la dissolution de la commission européenne, et dès lors la commission riveraine permanente jouira des mêmes pouvoirs que ceux dont la commission européenne aura été investie jusqu'alors.

ARTICLE 19.

Afin d'assurer l'exécution des règlements qui

auront été arrêtés d'un commun accord d'après les principes ci-dessus énoncés, chacune des puissances contractantes aura le droit de faire stationner en tout temps des bâtiments légers aux embouchures du Danube.

APPENDICE V

INDEX DES TRAITÉS, CONVENTIONS ET RÈGLEMENTS

RELATIFS

AUX FLEUVES INTERNATIONAUX

ET A LEURS PRINCIPAUX AFFLUENTS (1)

I

FLEUVES D'EUROPE.

1 *Danube.* 1718. Juillet 27 (Paix de Passarovitz : Autriche, Turquie). Art. II.

1779. Mai 13 (Teschen : Autriche, Palatinat). Art. v. Rec. II, 671.

1784. Février 24 (Autriche-Turquie). Art. IV R. III, 723.

1784. Août 31 (Autriche-Bavière). Art. IV. R. III, 755.

(1) La plupart des données de cet index sont tirées des ouvrages de M. Wurm (Cinq lettres sur la liberté fluviale, 1858), de M. Caratheodory (Droit international sur les cours d'eau, 1861), de M. Heffter (Droit international d'Europe, 1866). Voir notamment pour les citations : Recueil des traités de Martens (R.), Nouveau recueil (N. R.) Nouveau recueil général (N. R. G.), Recueil manuel de Cussy (R. Man.).

1816. Avril 14 (Autriche-Bavière). Art. IX. N. R. III, 15.

1840. Juillet 13/25 (Autriche-Russie). N. R. G. I. 209.

1850. Novembre 13 (Autriche-Russie). Protocole sur la prolongation de la Convention de 1840. Art. IX R. Man. VI, 433.

1851. Décembre 2 (Autriche-Bavière et en 1855, Wurtemberg).

1853. Juin 30 (Bavière-Russie). R. M. VII, 245.

1856. Mars 30 (Paix de Paris). Art. XV-XX.

1857. Janvier 6 (protocole de Paris).

1857. Novembre 7 (Convention entre les riverains). Ann. des deux mondes de 1858.

1858. (Conférence de Paris).

1865. Novembre 2 (Acte public de la Commission Européenne du Danube).

1876. Revision de cet acte.

1871 et 1877 (Conférences de Londres).

1878. Juillet 13 (Traité de Berlin).

Inn et Salza. 1779. Mai 13 (Teschen, Autriche, Palatinat). Art. V. R. II, 671.

1816. Avril 14 (Autriche-Bavière).

1851. Décembre 2 (Autriche-Bavière).

Pruth. 1812. Mai 28 (Russie, Turquie). Art. IV. N. R. III, 399.

1866. Décembre 3/15 (Autriche, Russie, Roumanie).

2. *Rhin.* 1803. Février 25 (Recès de la députation de l'empire). Art. XXXIX. R. VII, 501.

1804. Août 15 (France, empire d'Allemagne). R. VIII, 261. R. M. II, 314.

1815. Juin 9 (Congrès de Vienne, Règlement). N. R. II, 436.

1831. Mars 1831 (Acte de navigation entre riverains). R. M. IV, 271; N. R. IX, 252.

1835. Mai 12 (Prusse, Hesse, Bade, Wurtemberg). N. R. XIII, 435.

1857. Octobre 13 (Bade, Francfort). R. M. IV, 493.

1840. Juillet 9 (Bavière, Bade, Hesse, Nassau). N. R. G. I, 153.

1844. Avril 20 (France, Bade). R. M. V, 388.

1853. Juillet 29 (Bade, Suisse). R. M. VII, 303.

1868. (Acte revisé de navigation entre les riverains).

Moselle. 1815. Mars 20. N. R. II, 447; actes du Congrès de Vienne, Klüber III, 235.

Lahn. 1844. Octobre 16 (Prusse, Hesse, Nassau). N. R. G. VII, 420.

Mein. 1804. Août 15 (France, Allemagne). Art. XXIV. R. VIII, 268.

1815. Mars 20. N. R. II, 447.

1828. Janvier 18 (Bavière, Wurtemberg). Art. XXIX. N. R. VII, 539.

1828. Juillet 31 (Arrêté fédéral).

Necker. 1815. Mars 20. N. R. II, 447.

1835. Mai 12 (Prusse, Bade, Wurtemberg, Hesse). N. R. XIII, 43.

1835. Juillet 30, août 15 (Bade, Hesse, Wurtemberg). N. R. XIII, 412; R. M. IV, 422.

1842. Juillet 1 (Acte de navigation entre riverains). N. R. G. IV, 630; R. M. V. 189.

3. *Elbe*. 1815. Mai 18 (Prusse, Saxe). N. R. G. IV, 280-281.

1821. Juin 23 (Acte de navigation entre riverains). N. R. V, 714.

1828. Juillet 17 (Prusse, Anhalt-Coethen). R. M. IV, 174.

1831. Mai 17 (Prusse, Anhalt-Bernbourg). R. M. IV, 321.

1835. Août 29 (Prusse, Saxe royale). R. M. IV, 423.

1843. Mai 13 (Hanovre, Danemark). N. R. G. V, 292.

1843. Août 30 (Prusse, Saxe, Hanovre, Danemark, Mecklembourg-Schwerin). N. R. G. V, 530; R. M. V, 383.

1484. Avril 13 (tous les riverains; police fluviale). N. R. G. VI, 463; R. M. V, 387.

1844. Avril 13 (tous les riverains; péage de Stade). N. R. G. VI, 473.

1844. Avril 14 (acte additionnel). N. R. G. VI, 386; R. M. V, 383.

1851. Décembre 2 (révision de l'acte de 1821). R. M. VI, 695.

1853. Décembre 20 (Danemark, Prusse, Saxe royale, Mecklembourg-Schwerin). R. M. VII, 285.

1863. Avril 4 (Autriche, Prusse et les autres riverains). Art. v. Bulletin des lois de Prusse de 1863, p. 384.

Saale. 1828. Mai 17 (Prusse, Anhalt-Köthen). R. M. IV, 321.

1831. Juillet 17 (Prusse, Anhalt-Bernbourg).

4. *Vistule.* 1807. Juillet 7 (Tilsitt, France, Russie). Art. VIII. R. VIII, 639.

1807. Juillet 9 (Tilsitt, France, Prusse). Art. XX. R. VIII, 665.

1815. Mai 3 (Russie, Autriche). Art. XXIV, etc. N. R. II, 231.

1815. Mai 3 (Russie, Prusse). Art. XXII, etc. N. R. II, 242.

1815. Juin 9 (Acte final du Congrès de Vienne). Art. XIV. N. R. II, 387.

1818. Août 5/17 (Russie, Autriche). N. R. IV, 540.

1818. Décembre 7/19 (Russie, Prusse). N. R. IV, 582.

5. *Oder et Wartha.* 1818. Décembre 7/19 (Prusse, Russie). Art. II. N. R. IV, 884.

1825. $\frac{\text{11 mars}}{\text{17 février}}$ (Prusse, Russie).

6. *Tage.* 1866. Avril 27 (Espagne, Portugal). Art. XXIX. Diario do Governo 7 février 1877.

1715. Novembre 15 (traité de barrière).

7. *Meuse*. 1797. Octobre 17 (Campo Formio, France, Autriche). Art. secret II. R. VI, 428.
1815. Mars 20 (N. R. II, 447 ; Klüber, actes du Congrès de Vienne, III, 239.
1833. Novembre 12 (Hollande, Belgique). N. R. XIII, 138.
1845. Juillet 12 (Hollande, Belgique). N. R. G. VIII, 383.
1846. Juillet 29 (Hollande, Belgique). N. R. G. IX, 274.
1861. Septembre 21 (d° d°).

8. *Dniester*. 1810. Mars 7/19 (Autriche, Russie). Art. III. N. R. I, 254.
1812. Mai 28 (Russie, Turquie). Art. IV. N. R. III, 399.
1818. Novembre 9/21 (Autriche, Russie). N. R. IV, 541.

9. *Niemen*. 1825. $\frac{\text{11 mars}}{\text{27 février}}$ (Prusse, Russie).

10. *Guadiana*. 1878. Août 6 (Espagne, Portugal). Diario do governo du 13 août 1878.

11. *Pô*. 1815. Juin 9, acte final du Congrès de Vienne. Art. XCVI. N. R. II, 422.
1834. Décembre 4 (Autriche, Sardaigne). N. R. XIII, 198.
1849. Juillet 3 (Autriche, Parme). R. M. VI, 299.

1849. Juillet 3 (Autriche, Modène, Parme). R. G. I, 525; R. M. VI, 293.

1849. Août 6 (Autriche, Sardaigne). Art. v. R. G. I, 182; R. M. VI, 300.

1850. Février 12 (Accession du Saint-Siège). R. G. I, 532.

1851. Octobre 18 (Autriche, Sardaigne). Art. XII. R. M. VI, 630.

1851. Novembre 22 (Autriche, Sardaigne). R. M. VI, 649.

1859. Novembre 19 (paix de Zurich). Art. XVIII. Annuaire des deux mondes 1858, 1859, page 1000.

Tessin. 1834. Décembre 4 (Autriche, Sardaigne). N. R. XIII, 198.

12. *Weser*. 1771, 1809. (flottage). Public. off. de Brême, n° 32, p. 101; n° 105, p. 400.

1728, 1814, 1824 (digues et chenal). Public. off. de Brême, 1728, p. 880; 1814, n° 55, p. 114; 1824, n° 4, p. 4.

1818. Novembre 15, Congrès d'Aix-la-Chapelle, (péage d'Elsfleth). N. R. IV, 554.

1819. Août 25, protocole de la diète (péage d'Elsfleth). N. R. IV, 645.

1822. (Allèges), Public. off. de Brême, n° 3, p. 6.

1823. Septembre 10, acte de navigation entre tous les riverains. N. R. VI, 301.

1823. Septembre 9 (Hanovre, Brême, convention séparée). N. R. VI, 336.

1823. Septembre 10 (Prusse, Brême, convention séparée). Ibid. 338.

1824. (Règlement), Public. off. de Brême, n° 4, p. 4.

1825. Décembre 21 (Convention suppl.). N. R. G. II, 572.

1839. Septembre 5 (Articles suppl.). R. M. IV, 616.

1846. (Mesurage). Public. off. de Brême, n° 21, p. 40.

1856. Janvier 26 (Droits de navigation). R. M. VII, 646.

1857. Septembre 3 (Acte additionnel). Coll. des lois prussiennes de 1858, p. 433.

1862. (Articles suppl.). Pub. off. de Brême, p. 39.

1877. Juin 2 (Balisage).

13. *Douro.* 1835. Août 31 (Espagne, Portugal). N. R. XIV, 97.

1840. Mai 23 (ibid.). Acte de navigation. N. R. G. I. 98.

1766. Avril 27 (Acte de navigation). Diario do governo, 7 février 1877.

14. *Escaut.* 1648. Janvier 30 (Traité de Munster, Art. XIV; Hollande, Espagne).

1785. Septembre 20 (Hollande, Autriche). Art. VI. R. IV, 52.

1795. Mai 16 (France, Hollande). Art. XVIII. R. IV, 91.

1814. Mai 30 (Paix de Paris). Art. secret III, 52.
1815. Mars 20. N. R. II, 447.
1831. Mars 31 (Convention de Mayence). R. M. IV, 271.
1839. Avril 10 (Belgique, Hollande). Art. IX. R. M. IV, 575-577.
1842. Novembre 5 (Belgique, Hollande). N. R. G. III, 617.
1843. Mai 20 (ibid). Règlement N. R. G. V, 295.
1846. Juillet 29 (ibid). N. R. G. IX, 274.
1867. Février 18 (Barrages de l'Escaut oriental; négociations;) V. ind. belge du 23 février 1867.

15. *Ems.* 1815. Mai 29 (Prusse, Hanovre).
1815. Juin 9 (Acte final du Congrès de Vienne). Art. XXX. N. R. II, 398.
1843. Mars 13 (Acte de navigation). N. R. G. V, 125.

16. *Trave.* 1840 Juillet 8 (Lubeck, Danemark). Art. IV.
1842. Février 14.
1847. Juin 23 (Lubeck, Danemark). Art. XIII. N. R. G. X. 609.

17. *Stecknitz* (canal de). 1815. Juin 9 (Acte final du Congrès). Art. XXX. N. R. II, 399.
1847. Juin 23 (Lubeck, Danemark). Art. XII. N. R. G. X, 608.

II

FLEUVES D'AMÉRIQUE.

1. *Parana, Uruguay.*

(Rio de la Plata). 1849. Novembre 24 (Grande-Bretagne, Confédération argentine). Art. IV. R. G. II, 48.

1850. Août 31 (non ratifié). (France, Confédération argentine). Art. VI. R. G. II, 53.

1851. Octobre 12, 13 (Brésil, Confédération argentine). Art. XIV, 15.

1853. Juillet 10 (France, Confédération argentine). Annuaire des deux mondes 1853-54, p. 947; R. M. VII, 259-261.

1853. Juillet 10 (même traité avec la Grande-Bretagne et les États-Unis).

1855. Avril 27 (Brésil, Paraguay).

2. *Amazone.* 1851. Octobre 23 (Brésil, Pérou). Ann. des deux mondes, 1852-1853, p. 934.

1867. Juillet 31 (Décret du gouvernement brésilien).

3. *Mississipi*[1]. 1763. (Paix de Paris), France, Espagne, Angleterre. R. M. II, 311.

1793. France, Espagne.

(1) Le Mississipi, comme le Pô et l'Ems n'a plus qu'un riverain.

1795. (Traité de San-Lorenzo el Real); États-Unis, Espagne, Angleterre. R. M. II, 105, Art. IV.

4. *Saint-Laurent.* 1854. Juin 5 (États-Unis, Grande-Bretagne). Art. IV. Ann. des deux mondes, 1854-1855, p. 732; R. M. VII, 338.

FIN

TABLE DES MATIÈRES

CHAPITRE IV

CHAPITRE V

CHAPITRE VI

DROITS DE NAVIGATION

CHAPITRE VII

DOUANES RIVERAINES ET PORTS FRANCS

CHAPITRE VIII

CHAPITRE IX

NEUTRALITÉ DANS SON APPLICATION A LA NAVIGATION INTÉRIEURE

CHAPITRE X

CHAPITRE XI

CHAPITRE XII

CONTROLE DES ÉTATS NON RIVERAINS SUR LE RÉGIME DES FLEUVES CONVENTIONNELS

CHAPITRE XIII

CHAPITRE XIV

CHAPITRE XV

FIN DE LA TABLE DES MATIÈRES.

PARIS. — IMPRIMERIE ÉMILE MARTINET, RUE MIGNON 2

PARIS. — IMPRIMERIE ÉMILE MARTINET, RUE MIGNON, 2.

www.ingramcontent.com/pod-product-compliance
Ingram Content Group UK Ltd.
Pitfield, Milton Keynes, MK11 3LW, UK
UKHW012018240726
13965UKWH00002B/433